마음이 묻고 글이 답하다

- 글쓰기를 통한 심리적 성찰 -

마음이 묻고 글이 답하다

- 글쓰기를 통한 심리적 성찰 -

김향은 지음

글은 마음을 담아야 하고
글은 삶과 일치해야 하며
그런 글은 울림이 있고 힘이 있다.

그 가르침의 본이 된
이 책의 숨은 공로자,
아버지께 이 책을 바칩니다.

추천 서문

김 신
(동아대학교 법학전문대학원 석좌교수, 전 대법관)

누구나 역사에 남을 큰일을 할 수는 없지만, 누구든지 곁에 있는 한 사람에게 미소를 짓는 작은 일은 할 수 있다.

김향은 교수는 부모님이 월남하신 탓에 대한민국 땅에 가까운 친척이 많지 않다. 여학생이 드문 대학을 나왔으니 가까운 친구도 많지 않다. 고향인 서울을 떠나 낯선 부산에 자리를 잡았으니 가뜩이나 적은 친구들조차 자주 만날 기회가 없다. 무뚝뚝한 부산 사람들은 그에게 마음을 쉽게 열지 않는다. 그래서 학교 연구실에 혼자 있는 시간이 많다. 밤늦게 전화해도 연구실에 있다고 한다.

그런 연유에서인지 김향은 교수는 북한이탈주민, 해외입양인, 외국 이주민, 소아암 환자, 미혼모, 비행 청소년과 같은 이들에게 각별한 관심을 가지고 이들을 돌본다. 학자로서 갖는 학문적인 관심이 아니라 삶에서 우러나온 자연적인 관심인 것 같다. 적당히 일하지 않고 지나치게 열심히 일한다. 그런 태도 때문에 오해와 질시를 받기도 하지만, 진심을 알아주는 소수의 사람은 그를 매우 좋아한다.

김향은 교수는 국내형이 아니라 국제형인 것 같다. 미국의 미네소타, 독일의 뮌헨, 스위스의 몽트뢰, 노르웨이의 베르겐 등지에서 생전 처음 만난 외국인들도 김 교수를 따뜻하게 환대하고 오랫동안 교제를 지속해 오고 있다. 그를 마치 자기 딸처럼, 누이처럼 생각하고 남들에게 자기 가족으로 소개하는 이들이 해외 곳곳에 있다. 그래서 그는 외국인을 좋아하고 외국 여행을 좋아하는 것 같다.

김향은 교수는 말을 조리 있게 잘하지만, 말하는 것 못잖게 글을 잘 쓴다. 그의 글솜씨를 알아본 리더스경제신문의 권유로 7년 동안 칼럼을 연재해 왔다. 간결한 문장 속에 감동이 담겨있다. 글을 읽다 보면 그의 삶과 진심을 알게 된다. 그와 만나 차를 마시며 대화하고 싶어진다. 이제 그 글을 책으로 출판한다. 소박한 글 속에 담긴 따뜻함과 진실함이 널리 전파되어 우리 사회도 좀 더 따뜻해지면 좋겠다.

2025년 7월 1일

추천인 김 신

친구의 글

크리스티나 송 레비센(Christina Song Levisen)
(언어학 석사, 덴마크 해외입양인,
저자의 친구이자 그 인연에 감사하는 사람)

독자들께

저자를 처음 만난 것은 한국 정부가 주관한 해외입양인을 위한 영상 회의에서였습니다. 수천 킬로미터나 떨어져 있었고 화면 속 모습은 몇 센티미터에 불과했지만 우리의 영혼은 단번에 이어졌습니다. 그 첫 만남에서부터 그녀의 진실한 친절함과, 사람과 세상에 대한 보기 드문 통찰력이 돋보였습니다. 이후로 그녀가 자신의 지식과 능력을 타인을 위해 아낌없이, 끊임없이 바쳐 온 연민의 전사라는 것을 알게 됐습니다.

저자의 글에도 그와 같은 특성이 고스란히 드러나 있습니다. 문장은 간결하게 쓰였고 우아하게 표현되었으며 저자의 섬세한 유머가 붓질처럼 스며있습니다. 작품 하나하나마다 일상의 경험에서 길어 올린 삶의 깊은 교훈이 담겨있습니다. 끊임없는 움직임과 끝이 없는 생산성을 요구하는 세상에서 저자는 우리에게 잠시 멈추어 느껴보라고 하고, 평범한 것 안에 깃들어 있는 아름다움을 음미해 보라고 초대합니다.

저자는 마음을 열고 세상에 귀를 기울이며 예상치 못한 곳에서 놀라운 보물을 우연처럼 발견합니다. 그리고 시간과 공간을 초월하는 연결고리를 직조하고 사회적·문화적·언어적 차이와 간극을 이어가며 완전하지 않은 것 가운데서도 조용한 지혜를 길어 올려 사람들이 지닌 공통된 인간성을 바탕으로 우리를 하나로 묶어 줍니다.

저자의 글을 통해 우리는 고요함과 성찰의 공간, 곧 우리의 영혼이 숨 쉴 수 있는 공간으로 안내를 받습니다. 독자 여러분, 마치 시인 같은 저자가 당신의 손을 잡고 그녀의 날개를 잠시 빌려드릴 수 있도록 해 보세요.

저자에게

향은아, 네 글이 좋은 콘텐츠 공모전에 당선됐다는 소식을 듣고 얼마나 기뻤는지 몰라. 정말 축하해! 너의 재능과 아름다운 문장력, 깊이 있는 통찰과 사유의 힘이 반영된 결과라고 생각해. 네 글이 뽑힌 것이 전혀 놀랍지 않아. 네가 마음속에 그리고 있는 모습 그대로 책이 잘 완성되길 바란다. 다시 한번 축하해.

2025년 7월 1일
저자의 친구 크리스티나 송 레비센

A Note from a Friend

Christina Song Levisen
Cand.mag. Linguistics, Overseas adoptee (Denmark),
Personal friend of the author, grateful to be so

To the readers:

I met Professor Kim, Hyangeun for the first time during an online meeting for overseas adoptees organized by the Korean government agency, where she served as an advisor. Although we were thousands of kilometers apart, and our images filled only a few centimeters on the screen, our souls connected instantly. From that first encounter, her genuine kindness and rare insight into people and the world around her stood out. Since then, I have come to know her as a tireless warrior of compassion, deeply committed to using her knowledge and skills for the benefit of others.

Her writing carries that same essence. Succinctly written and elegantly phrased – with brushstrokes of subtle humor – each piece offers profound life lessons drawn from everyday experiences. In a world that demands constant motion and endless productivity, Professor Kim invites us to pause, to feel and to appreciate the beauty within the ordinary. By staying open and receptive, she humbly lets herself stumble across surprising treasures in unexpected places. She weaves connections that transcend time and space, bridging linguistic, social and cultural differences, and she draws quiet wisdom from the imperfect and connects us through our shared humanity.

Through her words, she guides us to a place of stillness and reflection - a space where our souls can breathe. So let this poetic writer take you by the hand and lend you her wings for a moment.

To my friend Hyangeun, the writer:

Hyangeun, that makes me so happy to hear that your columns were finally chosen at the good contents competition. Congratulations on this achievement! It reflects your talent and beautiful way with words as well as your insight and contemplative wisdom. I'm not surprised at all that your column book was selected. I hope it turns out just the way that you envision it. Again, congratulations!

저자 서문

　부산의 한 기관에서 대중 강연을 한 적이 있었다. 그때 객석에 있던 한 청중이 자신이 일하고 있던 신문사에 소개해 칼럼을 쓰게 됐다. 처음에는 거절하지 못해 쓰기 시작했는데, 쓰다 보니 매달 한 편꼴로 7년에 걸쳐 칼럼을 연재해 왔다. 그 과정에서 글쓰기를 통한 성찰적 사고의 놀라운 효력을 경험하였고, 이후로도 글감이 떠오를 때마다 틈틈이 글을 쓰게 되었다.

　글을 쓸 때 영역을 먼저 정하고 쓰지는 않았는데, 지금까지 써온 글을 범주화해 보니 크게 다섯 가지 주제로 분류할 수 있었다. 즉, 사람과 사람 사이의 만남과 관계의 의미, 여행의 경험과 그 여정을 통한 배움, 몸과 마음의 기능과 그 통합적 작용에 대한 이해, 경험과 실천의 가치에 대한 발견, 그리고 우리 모두의 평생 과제라고 할 수 있는 성장과 성숙을 향한 깨달음으로 나눌 수 있었다.

　글을 쓰는 일은 끝도 없이 이어지는 생각과 습작의 기나긴 터널을 통과하는 것과 같다. 그 길을 포기하지 않고 여기까지 올 수 있었던 것은 그 길을 통해 얻은 뜻깊은 결실 덕분이었다. 다양한 대상과 현상을 글감으로 떠올리면서 관찰력과 통찰력을 기르게 되었고, 수없이 문장을 고치고 다듬는 과정에서 표현력을 기르게 되었으며, 글을 매개로 독자와 소통하고 교류하는 기쁨도 덤으로 맛보게 되었다.

글쓰기를 꾸준히 해 오지 않았다면 사색과 성찰의 발전도, 숙성된 성과와 성취도 없었을 것이다. 글쓰기는 주제에 대해 깊이 몰두해 무르익은 생각을 하게 하고, 주관적인 관점을 넘어 객관적인 시각과 종합적인 안목을 갖게 한다. 나아가 대상과 경험의 의미를 균형적으로 재구성, 재해석하게 하며, 개인과 공동체를 위해 건설적이고 생산적인 방향과 미래를 고민하게 하고 그 구현을 위해 노력하게 한다.

언젠가는 이처럼 값진 결실을 조각 글이 아닌 한 권의 책으로 엮게 될 날을 꿈꾸며 글을 써왔다. 그러다 3년 전 미국 국무부의 초청을 받아 미네소타대학 Fulbright 방문학자로 연구년을 떠날 무렵 책을 출판할 기회가 생겼다. 그래서 그동안 써온 글을 취합해 편집하고 추천 서문까지 받아 완성본을 만들어 놓고 떠났지만, 일이 계획대로 되지 않아 출판이 무산되었다. 연구년을 마치고 귀국한 후로는 출판의 꿈은 접은 채로 글쓰기를 계속해 왔다.

모든 일은 때가 있는 법인지, 최근에 알게 된 한 독립출판사들 통해 부산정보산업진흥원의 우수 출판 콘텐츠 제작 지원 사업을 알게 되었고, 귀국 후 써온 글을 추가해 공모전에 지원했다. 해마다 경쟁이 치열하다고 들어서 저자의 글이 뽑히리라고는 감히 꿈꾸지 못했다. 그러나 꿈은 이루어졌고 우수 출판 콘텐츠로 선정되는 영예를 안았다.

 이 책은 많은 이들의 기여로 탄생한 합작품이다. 꿈의 실현을 도와주신 독립출판사 "21세기 여성"의 김영미 대표님을 비롯해, 칼럼 기고의 문을 열어주신 (구) 리더스경제지의 주덕 주필님과 강윤미 기자님, 멋진 추천 서문을 써주신 김신 전 대법관님과 저자의 소중한 벗 크리스티나, 그리고 그동안 저자의 글을 읽고 진솔한 소감을 나눠주신 독자들께 감사 인사를 전하며, 새로운 독자들과의 만남과 글쓰기를 통한 동반 성장을 기대해 본다.

2025년 7월 1일

저자 김향은

차례

추천 서문 _7
친구의 글 _9
저자 서문 _13

Ⅰ. 만남과 관계의 가치 발견하기

1. 배려 _24
2. 신뢰 _27
3. 이웃 _30
4. 기념일 _34
5. 거리두기 _37
6. 화술은 심술 _40
7. 거창한 인연 _45
8. 따로 또 같이 _48
9. 이별에서 만남으로 _51
10. 조부모-손자녀 관계 _54

II. 여행과 여정을 통해 배우기

1. 길 _60
2. 길 안내 _63
3. 길 위의 교훈 _66
4. 산 위의 교훈 _69
5. 산타 버스 탑승 _72
6. 또 하나의 가족 _75
7. 다시 만난 프라하 _78
8. 예상 밖 오키나와 여정 _81
9. 파리 도난 사고의 교훈 _84
10. 자연이 품은 공간적 기능 _89

차례

III. 몸과 마음을 통합해 이해하기

1. 눈 _94
2. 식욕 _97
3. 엄지 _100
4. 무릎 _103
5. 껍질 _106
6. 근력 _109
7. 수비 _112
8. 겨루기 _115
9. 겉과 속 _118
10. 닫힘과 열림 _121

Ⅳ. 경험과 실천의 힘 기르기

1. 물 _126

2. 기초 _129

3. 실습 _132

4. 봉사 _135

5. 필사 _138

6. 포장 _141

7. 유시유종 _144

8. 이주민 체험 _147

9. 가능태와 현실태 _150

10. 소 잃고 외양간 고치기 _153

차례

V. 성장과 성숙의 의미 찾기

1. 말 _158

2. 관용 _161

3. 위로 _164

4. 위기 _167

5. 화합 _170

6. 예(禮) _173

7. 가을비 _176

8. 빛과 어둠 _179

9. 나는 누구인가? _182

10. 돌보는 마음 기르기 _185

I.
만남과 관계의 가치 발견하기

● 사람의 가치는 타인과의 관계로만 측정될 수 있다.
- 니체

건강한 관계에는 서로 존중하는 마음이 있고 두 사람 사이에 적절한 거리가 있으며 서로 가깝게 밀착되는 공유 지대와 서로 분리되는 개별 지대가 존재한다. 가까운 사이일수록 존중하는 마음을 잃지 않도록 노력해 서로에게 행복이 되는 가깝고도 먼 '따로 또 같이'의 관계를 함께 만들어 가는 것, 이것이 관계의 맛이자 멋이다.

1. 배려

사범대 재학 시절 중학교로 교생실습을 나갔었다. 하루는 실습학교와 자매결연을 맺어온 청각 장애아 특수학교를 방문하게 되었다. 교장 수녀님의 안내로 학교 곳곳을 견학했다. 개인적으로는 특수학교를 처음 가봤는데 가는 곳마다, 보는 것마다 특별했다. 초등학교부터 고등학교까지 통합교육을 하는 것도 새로웠고 재봉교실, 도예교실 등 취업을 대비한 실기 위주의 졸업반 수업을 하는 것도 흥미로웠다.

마지막 일정은 초등반 수업 참관이었다. 1학년에서 3학년까지로 구성된 통합반의 국어 시간이었다. 손님으로 온 교생들을 소개하는 것으로 수업이 시작되었다. 오전에 참관했던 실기 수업은 수화로 진행된 조용한 수업이었는데 이번 수업은 교사의 음성으로 진행되는 수업이었다. 단어 하나하나 신경 써서 천천히 큰 소리로 분명하게 발음하는 교사의 모습은 존경스러웠고 아름다웠다. 교생 일동은 교실 뒤편에서 수업을 관찰했다.

이때 모두의 시선을 빼앗은 아이가 있었다. 가장 어려 보이는 남자아이 하나가 유난히 산만한 행동을 했다. 잠시도 가만있질 못하고 앉았다가 일어나기를 반복하며 알아들을 수 없는 소리를 질러댔다. 교육심리학 시간에 배운 ADHD(주의력 결핍 과잉행동 장애)를 떠올렸다. 계속되는 소란이 거슬리고 짜증스러웠다. 모두의 수업을 방해하고 있는 아이를 제지하지 않는 교사가 이해되지 않았고 무책임하게 생각됐다.

한데 개의치 않고 수업을 진행해 오던 선생님이 갑자기 수업을 멈추고는 교생들을 향해 돌발 질문을 던졌다. "뒤에 계신 선생님들, 이 아이가 뭐라고 하는지 아세요?" 뜬금없는 질문이었다. 도대체 말소리도 아니고 울부짖는 듯한 소리를 어떻게 알아들으라고 물어보시는지 질문의 의도를 알 수 없었다. 교생들 모두 묵묵부답으로 있었다. 그러자 곧 힌트가 주어졌다. "사실 이 아이가 아까부터 선생님들 얘기를 했답니다."

황당했다. 수업을 망쳐놓고 있는 것도 괘씸한데 그게 바로 우리 때문이라고? 그러고 보니 소리를 지를 때 몇 번이나 우리를 향해 뒤돌아보며 손가락질했던 모습이 떠올랐다. 우리가 수업을 크게 훼방한 것은 아니었지만 우리 보고 뭐라고 했다면, 저리 법석을 피웠다면, 낯선 이가 교실에 들어와서 수업을 지켜보고 있는 것이 불편하고 싶어서 그랬나 싶었다. 다른 이유는 생각나는 게 없었다. 별 기대 없이 정답을 기다렸다.

"이 아이가 아까부터 뭐라고 했냐면요, 뒤에 계신 선생님들 서 계시면 다리 아프시니 자기 의자를 가져다드리겠다고 합니다. 제가 여러 번 괜찮다고 했는데도 선생님들이 영 마음에 쓰이는지 자기가 서서 수업할 테니 선생님들께 자기 의자를 드려 달라네요."

충격이었다. 유구무언이었다. 부끄러웠다. 천사 같은 아이를 몰라보고 수업 방해, 학습 부적응, 행동 장애로 선무당 사람 잡듯 오해한 것이 미안했다. 눈물이 핑 돌았다.

이 일은 나를 반성하고 성찰하게 했다. 섣부른 생각으로 진단하고 해석했던 실수를 뼈아픈 교훈으로 새겨, 이후로는 어느 누구도 함부로 판단하거나 평가하지 않도록 각별히 노력하게 되었다. 사람을 귀하게 여기는 마음의 모범 답안과도 같은 아름다운 본보기를 얻었다. 상대방의 입장을 민감하게 헤아리는 배려의 가치와 실천을 온몸으로 전율하며 배웠다. 꼬마 사부님으로부터 받은 교생실습은 평생의 인생실습이 되었다.

2. 신뢰

　에인스워스(Ainsworth)는 인간의 애착 발달을 부모 자녀 간의 긴밀한 정서적 유대에 초점을 맞추어 연구한 학자로 유명하다. 그는 아동과 양육자 간의 애착을 여덟 가지 서로 다른 장면으로 구성된 '낯선 상황 실험'을 통해 연구했다. 부모와의 분리, 재회, 타인의 등장과 같은 낯선 상황에서 아동이 보이는 반응을 통해 초기 애착 관계의 질을 분석하고 그 결과를 바탕으로 애착의 유형을 범주화하였다.

　에인스워스가 분류한 애착의 유형은 크게 안정 애착과 불안정 애착으로 나뉜다. 안정 애착의 경우 부모가 안전기지(safety base)로 작용하여 부모와의 분리나 낯선 이의 출현에도 자녀가 안정된 정서를 유지한다. 반면 불안정 애착의 경우는 부모가 안전한 교두보의 구실을 하지 못하고 낯선 상황에서 자녀의 불안이 고조되는데, 상세 특성에 따라 다시 세 유형 곧 불안-저항, 불안-회피, 불안-와해로 나뉜다.

에인스워스의 연구는 아동의 애착 유형 분석에 그치지 않고 부모의 양육태도 분석으로 확장되었다. 안정 애착 유형으로 분류된 자녀의 부모와 불안정 애착 유형으로 분류된 자녀의 부모를 비교해 본 결과, 안정 애착아의 부모가 불안정 애착아의 부모보다 유의하게 높게 나타난 영역이 있었다. 그것은 자녀의 욕구에 민감하게 반응하는 양육 민감성과 피부 접촉을 통한 부모 자녀 간의 신체적 교감(스킨십)이었다.

자신의 욕구를 스스로 해결할 수 없는 인간의 초기 발달에서 양육자의 존재와 양육자로부터 받는 보살핌은 생존에 절대적이다. 의존도 높은 생애 첫 1~2년간 부모가 자녀의 필요와 욕구에 민감하게 반응하고 따뜻하게 접촉해 주면 자녀가 부모를 안전한 토대로 삼고 부모와 안정된 애착 관계를 형성하게 된다. 또한 부모와 맺은 굳건한 신뢰 관계가 낯선 사람, 낯선 세상과의 관계 경험으로 확대되고 재생산된다.

아동·가족학을 전공한 까닭에 상담을 요청받는 경우가 종종 있다. 자녀 양육 상담의 경우 문제의 종류, 내용, 정도가 사례마다 다르다. 학습부진과 같은 인지적 문제, 분노조절 장애와 같은 정서적 문제, 자폐적 성향과 같은 사회성 문제, 공격성 표출과 같은 행동적 문제 등 서로 다른 문제로 고민 해결을 의뢰받지만, 그 내막을 살펴

보면 상이한 현상과 결과 이면에 자리하고 있는 유사한 원인과 기제를 발견하곤 한다.

그것은 다름이 아닌 기본 정서의 불안이다. 이 불안은 세상에 대한 불신에서 비롯되며 결국 자신에 대한 불신을 낳는다. 불신은 현재와 미래에 대한 두려움을 증폭시켜 자기 능력에 대한 회의를 조장하며 자신과 세상에 대한 저항적·파괴적 감정과 행동을 표출시킨다. 앞서 말한 낯선 상황 실험에서 부모와의 분리를 잘 감내한 쪽은 부모와 신뢰 관계를 형성한 안정 애착아였다. 신뢰가 안정을, 안정이 적응을 가져온다.

인간의 발달은 출생의 순간부터 분리와 같은 낯선 경험의 연속이다. 수많은 낯선 경험에 어떻게 적응하느냐 하는 것이 건강한 발달의 관건이다. 낯선 경험을 불안해하지 않고 생소한 경험을 성장의 발판으로 삼을 수 있으려면 신뢰에 기반을 둔 심리적·정서적 안정이 필수적이다. 신뢰가 진보와 진전의 전제임을 주지하고 믿음이 있는 관계, 믿음을 지켜나가는 관계 구축에 심혈을 기울이는 개인과 사회를 기대한다.

3. 이웃

　'이웃'은 서로 접하여 가까이 있는 사람이나 집, 지역을 일컫는 말이다. 일반적으로는 옆집, 앞뒷집에 사는 주민을 이웃이라 부른다. 가까이 있어 서로 경계가 붙어 있는 경우에 '이웃하다'라는 표현을 쓰기도 한다. 전에는 이사를 하면 이웃에게 시루떡을 돌리며 인사를 나누는 전통도 있었다. '이웃사촌'이란 말도 있고 '가까운 이웃이 먼 사촌보다 낫다'라는 말이 있을 정도로 이웃은 우리에게 빼놓을 수 없는 '의미 있는 타인(significant others)'이었다.

　독일에는 '이웃을 사랑하라, 그러나 적절한 거리를 두기 위해 울타리 나무는 뽑지 말라'라는 속담이 있다. 프랑스에는 '이웃이 좋으면 매일 즐겁다', 스페인에는 '좋은 집을 살 것이 아니라 좋은 이웃을 사야 한다'라는 속담이 있고, 알바니아에는 '바다 건너 형제보다 담장 너머 이웃이 낫다', 몽골에는 '가장 가까운 이웃은 부모보다도 가치가 있다'라는 속담이 있다. 중국에는 '사람은 누구나 주위의 빛깔에 물든다', 카메룬에는 '비는 한 집 위에서만 내리는 것이 아니다'라는 속담이 전해져 온다. 세계 도처에서 이웃과 관련된 속담과 격언이 두루 전해져 내려온다는 것은 이웃이 인간의 삶에 중요한 존재임을 시사한다고 하겠다.

전통사회에서 이웃 간의 공동체 정신이 잘 나타난 곳은 촌락 단위의 마을이었다. 마을 주민들은 생산과 생활의 공동체를 구축했고 대면적 관계를 바탕으로 결속하고 연대했다. 이웃 간의 관계는 노동력 교환, 길흉사 협조 등 사회적 협동이 특징이었다. 농번기에는 품앗이로 노동력을 상호지원했고, 금전, 농기구, 가재도구 등을 빌리거나 공동으로 구입하기도 했다. 또한 별미 음식을 만들거나 의례를 치를 때면 이웃과 음식을 나누는 등 일상에서 늘 함께하는 존재가 이웃이었다.

그러나 현대사회에서는 산업화, 도시화의 영향으로 사람들의 이동과 이주가 빈번해지면서 이웃의 의미가 달라지게 되었다. 개인과 가정의 개체화, 고립화, 개인주의의 확산 등으로 이웃과의 교류나 관여보다 익명의 자유와 편의를 선호하는 경향이 뚜렷해져 이웃과의 단절이 심화되고 있다. 오늘날의 이웃은 이웃사촌이 아닌, 무관심 또는 적대적 혐오의 대상으로 전락한 듯하다. 주차 시비, 층간 소음, 층간 악취, 쓰레기 투기 등의 문제로 이웃 간의 갈등이 빈발하고 심하게는 폭력이나 살인으로 이어지는 경우도 발생한다.

국민권익위원회에 따르면 '국민신문고'에 접수된 층간 흡연 피해 민원이 2020년 2,844건에서 2022년 5,386건으로 불과 2년 사이에 두 배 가까이 늘었다. 요즘은 사건 사고에 대한 보도가 많아 과거보다 이웃 간 분쟁이 증가한 것으로 과장돼 보이는 것일 수도 있다. 그러나 공동주택 거주가 늘어난 상황에서 거주지 영역 내 물리적 공간의 공유와 침범은 불가피하게 된 반면, 개인주의와 사생활 보호에 대한 욕구는 증폭되는 상충적 국면이 서로 대립하고 있다.

　이 난제를 어떻게 풀 수 있을까? 내 개인적 경험을 소개한다. 내가 고등학생 때 처음으로 공동주택으로 이사한 적이 있었다. 아버지 생일 때 친인척을 초대해 잔치를 벌였는데, 나는 부모님이 이웃에게 끼칠 폐에 대해 염려하시면서 사전에 옆집, 윗집, 아랫집을 돌며 양해를 구하고 정성껏 마련한 음식을 선사하는 모습을 지켜보았다. 나중에 알게 된 일이지만, 이 공동주택에 사는 동안 단 한 번도 이웃 간 시비의 대상이 되지 않은 집은 우리 집이 유일했다.

　최근에 나는 공동주택으로 이사했다. 학교 일로 바빠 이웃에게 인사하는 일을 미루게 됐다. 그러던 어느 날 옆집 이웃이 우리 집 문 앞에 쌓인 이삿짐 상자를 분리수거해 주었고, 아랫집 이웃은 내가 없는 동안 배달된 물건을 맡아주고 텃밭에서 가꾼 채소도 나눠줬다. 이후 '의좋은 형제 볏단 옮기기' 같은 나눔과 보살핌이 이어지고 있다. 『논어』에 '덕 있는 사람은 외롭지 않고 반드시 이웃이 있다(德不孤 必有隣)'라고 했고, 『주역』에는 '선을 쌓는 집에는 반드시 경사로운 일이 있다(積善之家 必有餘慶)'라고 했다. 이웃에게 베푼 작은 친절과 도움이 불러오는 놀라운 파급효과를 체험하는 것은 고전 속의 진리를 새삼 깨닫게 하는 신선한 충격을 안겨준다.

4. 기념일

　5월은 기념의 달이다. 가정의 달로 불리는 5월은 가족들, 그리고 가족만큼이나 의미 있는 인물을 기념하는 기념일로 가득하다. 어린이날, 어버이날, 스승의 날, 성년의 날, 부부의 날을 보내고 나면 어느새 5월이 다 지나가게 된다. 소비가 일상화되고 가치가 상품화되는 시대에 살고 있는 우리들에게 기념일이 많은 5월은 지출이 많은 달로 생각되기도 한다. 꽃다발, 장난감, 용돈 등의 선물을 마련하는 데 드는 비용이 부담스럽게 여겨지기 때문이다.
　관계적 존재인 인간에게 관계를 기념하는 일은 중요한 일이 아닐 수 없다. 인간은 관계 속에서 태어나 관계 속에서 살다가 관계 속에서 죽는다. 누군가의 자녀나 형제, 자매로 태어나고 누군가의 배우자나 부모가 되며 누군가의 친구, 동료, 이웃으로 살아간다. 개인의 정체를 규정하는 이름과 역할이 그가 맺고 있는 관계 안에서 설정될 정도로 관계가 중요하다. 그리고 관계의 질이 개인과 집단의 행복을 좌우하는 준거이자 결정적인 요인으로 자리하게 된다.

인본주의 심리학자 매슬로(Maslow)는 관계의 중요성을 소속의 욕구로 설명한 바 있다. 그는 인간 행동의 동기가 되는 욕구에 관심을 기울이고 인간의 다양한 욕구를 범주화하였으며 욕구의 단계적인 발달을 주장하였다. 매슬로가 제시하고 있는 욕구 위계(need hierarchy)에 따르면, 소속의 욕구는 하위에 있는 생리적 욕구와 안전의 욕구를 기반으로 발달하며, 상위에 있는 자아존중감의 욕구와 자아실현의 욕구의 토대가 되는 중핵적인 위치를 차지한다.

인간의 삶에 필수적인 대인 관계 발달은 소속과 애정의 사회적 욕구를 충족시켜 주는 대상과 그 대상과의 경험의 양상에 의해 좌우된다. 특별히 자신의 욕구를 스스로 충족시키기 어려운 인간의 생애 초기 의존적인 특성과 초기 경험의 중요성을 고려할 때 일차적 환경인 가정과 학교에서 경험하는 주요 인물과의 관계가 중요한 것은 재론의 여지가 없다. 이 초기 관계는 이후의 심리·사회적 발달에 기초가 되는 핵심적 요인으로 작용하기에 그 영향력을 소홀히 할 수 없는 것이다.

개인과 집단에 의미 있는 영향을 미친 인물과 그 인물과의 관계를 기념하는 일은 어느 시대, 어느 사회에서나 중요한 고유 의식으로서 세대를 통해 유지되고 전승되는 전통 의례가 되어 왔다. 때로는 그것이 불필요한 형식이나 소모적인 겉치레로 생각되거나 과도한 심리적 속박감만 안겨주는 스트레스로 여겨져 없애버려야 할 사회적 병폐나 인습으로 치부되기도 한다. 그러나 형식은 내용을 담는 그릇, 틀, 테와 같은 것으로, 그 의미와 가치를 결코 평가절하할 수 없는 우리 삶의 중요한 일부다.

  문제는 형식만 남고 내용은 설 자리를 잃는 것이다. 관계를 기리는 본질과 정신적·철학적 가치는 축소되거나 실종된 채 물질적·소진적 가치에 치중할 때 형식은 주는 이에게 부담, 의무가 되고 받는 이에게 불편, 불쾌가 되는 허례허식으로 전락한다. 사람과 사람 사이의 관계를 소중히 여기는 마음과 그 마음을 담은 형식이 조화를 이루어 기념일이 행복한 추억이 되도록 해야 할 것이다. 이를 위해서는 관계 속 구성원 모두의 협동적 노력이 필요하다. 창의적 공조의 합작품인 기념일은 그 자체가 기념할 만한 일이다.

5. 거리두기

　몇 년 전부터 빈번히 듣는 말 가운데 하나가 '사회적 거리두기 (social distancing)'다. 이는 개인과 집단의 접촉을 최소화하여 감염병의 전파를 감소시키는 전략을 말한다. 세계보건기구(WHO)는 거리두기가 사회적 단절을 의미하는 것은 아니며 사회적으로는 서로 연결돼 있으면서 물리적으로 거리를 두는 것을 의미한다고 하면서 '사회적 거리두기'라는 용어 대신 '물리적 거리두기(physical distancing)'의 사용을 권장하고 있다.

　차제에 물리적 거리두기와 아울러 사회적 거리두기의 개념을 이루고 있는 '심리적 거리두기(psychological distancing)'에 대해서도 생각해 볼 필요가 있겠다. 심리적 거리두기란 신체적이고 물리적이며 가시적인 거리두기와는 대조적으로 정신적이고 정서적이며 눈에 보이지 않는 마음의 간격을 유지하는 것을 뜻한다. 심리적 거리두기는 사람과 사람 사이의 관계의 양상과 특질을 대변하는 주된 요인으로 작용한다.

사회적 거리두기의 의미를 물리적 거리두기로 국한하려는 배경에는 심리적으로는 가까울수록 좋다는 생각이 저간에 있다. 그러나 물리적 거리두기만큼 심리적 거리두기도 적절한 간격 유지가 중요하다. 사람과 사람 사이가 지나치게 가까울 경우 서로의 영역을 침범하거나 간섭하게 되고 갈등과 마찰을 빚기도 쉽다. 한편 심리적으로 너무 먼 거리에서는 서로에 대한 관심과 관여가 작아 의미 있는 관계를 맺기가 어렵다.

상담학에서는 이를 '경계선(boundary)'이라는 개념으로 설명하고 있다. 경계선이란 개인과 개인, 체계와 체계를 둘러싸고 있는 보이지 않는 테두리로, 두 사람 사이의 접촉이나 교류의 양과 질을 결정한다. 경계선은 개인과 개인 또는 체계와 체계 간의 상호작용 과정에 누가 어떻게 얼마나 개입하는지를 판가름하는 규칙이다. 경계선을 통해 구성원 간의 친밀도, 정보, 에너지, 자원 교환의 수준 등을 파악할 수 있다.

인간은 독립적인 상태에서 자유를 추구하려는 욕구와 함께 다른 사람과 친밀한 관계를 형성하며 소속감, 결속감, 유대감을 가지려는 욕구를 동시에 지니고 있다. 이 두 가지 상반된 욕구의 공존은 개인과 체계의 건강한 성장과 발달에 결정적인 영향을 미친다. 요컨대 경계선은 개인과 체계의 독립성과 자율성을 보호하는 기능과, 구성원 간의 상호성과 친밀성을 보호하는 기능이 서로 적절하게 조화를 이루어야 함을 시사한다.

경계선이 분명하면 구성원 개인이 자율적이고 독립적이면서 상황에 따라 서로 협력하고 관여하여 '나'라는 정체감과 더불어 '우리'라는 소속감을 갖게 된다. 이는 기능적인 집단에서 찾아볼 수 있는 전제 조건이기도 하다. 국내외의 가족학자들이 건강한 가족(healthy family)의 공통적인 특성으로 가족 간의 적절한 경계, 위계 구조, 거리두기의 균형을 언급하는 점도 이를 뒷받침하고 있다.

코로나가 발발했을 때 세상이 코로나 이전과 이후로 나뉠 것이라는 진단이 있었는데, 이에 공감하고 동의하게 되는 일상을 경험하게 되었다. 전파력과 파괴력이 강한 감염원의 전염을 억제하기 위한 대책으로 물리적 거리두기가 중시된 만큼, 사람과 사람 사이의 심리적 거리두기가 마음의 건강과 관계의 방역을 위해 필수적임을 인식하게 된 것은 팬데믹의 경험을 통해 얻은 값진 교훈이었다.

6. 화술은 심술

 기분 나쁜 경험으로 기억되는 대화를 하고 싶어 하는 사람이 어디 있을까? 우리가 바라는 바는 아니지만 우리는 평생 이런 대화에 연루되어 살아간다. 나 역시 불쾌했던 사건과 시간으로 기억되는 대화를 지금껏 많이 경험해 왔다. 그리고 결코 내가 원하지 않음에도 불구하고 이 달갑지 않은 경험을 앞으로도 계속하게 될 것을 알고 있다. 이 글을 쓰게 된 것도 바로 며칠 전에 경험한 언짢았던 대화 때문이다. 돌이키고 싶은 경험은 아니었으나 귀한 성찰을 얻게 한 경험으로 오래 기억될 것 같다.
 평소 돈독한 관계를 맺고 있는 지인 두 분과 점심을 함께 하기로 했다. 자주 만나지는 못하지만 서로 존중하고 신뢰하는 각별한 사이로 이따금 만나 식사하며 교제하는 시간을 가져온 분들이었다. 이번엔 그중 한 분이 가깝게 지내는 분을 소개하고 싶다고 제안했다.

본인이 존경하는 어른으로 자신이 종사하는 분야에서 탁월한 업적을 쌓아온 분으로 우리에게도 꼭 소개하고 싶다는 것이다. 이 고마운 제안에 나와 다른 한 분은 흔쾌히 찬성하였고 기대하는 마음으로 약속한 날을 기다렸다.

약속 장소는 새로 만나게 될 분이 근무하고 있는 사무실이었다. 사무실은 내가 부산에 살면서 단 한 번도 가보지 못한 낯선 지역에 있었다. 이날은 내가 지역과 사람 모두 새로운 경험을 하게 될 기분 좋은 날로 기다려졌다. 약속 장소로 향하는 동안 차창 밖에 펼쳐진 생소한 풍경을 바라보면서 부산이라는 공간에 대한 내 인식의 지평도 넓어지는 느낌이었다. 사무실 건물 앞에서 집결한 나와 지인 둘은 짧은 인사를 나누고는 곧바로 새로 만나게 될 분의 집무실을 향해 바삐 발걸음을 옮겼다.

집무실에 도착해 오늘 처음 뵙게 될 분과 첫 상면을 했다. 온화한 인상에 미소 띤 얼굴로 우리를 환영해 준 주인장은 통성명을 마치자마자 건물 안내 과업에 돌입했다. 이분을 따라 이동하면서 건물 내 주요 공간의 용도에 대한 친절한 설명을 들었다. 5~6층 정도 되는 건물이었는데, 지역주민에게 개방해 다목적으로 활용하고 있는 층별 공간을 비롯해 외부인에게 건물을 소개하는 역할을 톡톡히 하는 1층 카페에 이르기까지 건물의 소유자인 주인장의 세심한 설계가 돋보이는 인상적인 곳이었다.

건물 안내를 받은 후 카페에서 점심식사를 하게 됐다. 때마침 점심시간에 몰려온 손님들로 인해 음식이 나오기까지 시간이 걸렸다. 기다리는 동안, 그리고 주문한 음식이 나와 식사를 하는 동안의 대화가 이날 모임에 대한 강한 인상으로 남게 되었다. 우리 가운데 연장자인 주인장의 화려한 경력과 철학에 대한 이야기로 점철된 대화에 나머지 세 사람은 학생처럼 듣는 분위기였다. 나는 반영적으로 경청하면서 다른 두 분의 소외를 막고자 틈틈이 화제를 전환하려고 애써보았지만 별반 소용이 없었다.

두 시간 정도 소요된 방문을 마치고 귀갓길에 오를 무렵 내 몸과 맘은 지칠 대로 지쳤다. 기분이 상하고 불쾌한 마음까지 솟구쳐 올랐다. 이렇게 피곤한 시간을 가지려 굳이 이 먼 길을 왔나 나 자신이 한심스럽게 느껴졌고 새로운 만남에 대해 가졌던 기대가 허망하고 허무하게도 느껴졌다. 스무 시간처럼 느껴진 만남에서 탈출하게 된 것에 대한 기쁨과 안도를 느낀 한편 뭔가 찜찜한 기분에 계속 짓눌려 있었다. 오던 길에 느꼈던 신선한 감흥은 온데간데없고 돌아가는 길은 좀 슬프기까지 했다.

그나마 다행이었던 것은 엉망이 된 기분에만 압도되어 있지 않고 왜 기분이 나쁜지, 그날 대화의 문제는 무엇이었는지를 냉정하게 짚어본 것이었다. 답은 간단하고 명료했다. 일방적으로 한 사람이 대화를 주도하고 독점한 것이었다. 그래서 대화의 주제가 한 사람의 관심에 편중되고 다른 이들은 피동적 청자에 머문 것, 다소 어색하고 어려운 초면의 상황에서 연소자가 쉽사리 대화에 관여하기 힘든 맥락에 놓인 것 등이 문제였다.

　한 사람이 대화를 온통 점유하는 대화는 독백에 가깝다. 한 사람이 자기 말만 하다 보면 자기가 하고 싶은 말, 자기가 관심 가는 말만 하기에 대화는 점점 더 독단적으로 되는 악순환을 빚는다. 지위나 서열상 강자의 위치에 있는 이가 이처럼 대화를 독차지하는 것은 힘의 과시고 유세일 수 있다. 상대적으로 약자의 위치에 있는 이는 이 구도를 전환하기 어렵고 마지못해 견디고 있지만 속내는 즐거움이 아닌 괴로움, 유쾌가 아닌 불쾌가 되기 쉬운데, 정작 화자는 자기 말에 빠져 이들의 마음을 모른다.

　이날 대화가 그토록 힘들었던 것은 마음 보살핌이 빠진 대화가 불편하고 불쾌하게 느껴졌기 때문이었을 것이다. 언로(言路)는 심로(心路)이기에 상대에 대한 인격적 존중, 배려, 이해가 부족한 대화에 수동적으로 임하는 일은 괴로운 일이 아닐 수 없다. 대화의 시작과 끝이 다른 이의 통제 아래 놓인 상황에서 호혜적 교류나 관계는 바라기 어렵다. 다른 이들과의 관계에서, 그것도 첫 대면에서 이런 모습을 바라는 이는 없을 것이다. 그렇기에 다시는 경험하고 싶지 않은 대화로 기억되는 것이 아쉽고 유감이었다.

　나의 생각은 즐거운 대화, 유쾌한 대화, 기분 좋은 대화, 또 하고 싶은 대화로 이어졌다. 위의 사례에서 시사되는 바람직한 대화의 모습은 무엇일까? 대화에 참여한 이들이 골고루 동참하는 대화, 일방적이지 않고 양방적·쌍방적인 흐름으로 이어지는 대화, 한두 사람의 관심사가 아닌 여러 사람의 공통적 관심사가 주제가 되는 대화, 약자의 위치에 있는 이를 세심히 배려해 이들이 대화에 참여할 수 있는 분위기를 조성하고 대화의 내용과 방향을 함께 만들어 가는 창조적이고 생산적인 대화다.

이 글을 읽는 분들은 위에 기술한 화자의 성품을 떠올릴 때 괴팍하고 독선적이며 외골수 같은 불통의 인물을 연상하기 쉬울 것이다. 그러나 아이러니하게도 내가 만났던 분은 부드럽고 따뜻한 분이었다. 사람을 좋아하는 인정 있는 분이었으며 화려한 경력을 소유한 박학다식한 분이었다. 다만 대화의 매너를 몸으로 익힐 기회를 갖지 못했거나, 대화에 작용하는 심리에 덜 민감한 분이었던 것으로 보인다. 어쩌면 대수롭지 않아 보일 수 있는 이 단점이 그의 많은 장점을 가리는 작용을 한 셈이다.

어떻게 하면 좋은 대화를 할 수 있을까? 우선 대화도 공부가 필요하고 연습과 훈련이 필요한 평생에 걸친 학습 과정임을 인식해야 한다. 그리고 어린 시절부터 가정, 이웃, 학교, 직장에서 상식적 기반의 대화 예절을 일상생활을 통해 익히도록 해야 한다. 성숙한 민감성을 갖춘 대화의 역량을 일찍이 배양하도록 관심을 기울일 필요가 있다. 소통을 이끄는 건설적 대화가 공동체의 의제가 되고, 화술(話術)은 심술(心術) 곧, 말의 기술은 마음의 기술이라는 것을 주지해 존중과 배려의 대화를 실천하는 길로 나아가는 우리을 기대해 본다.

7. 거창한 인연

　나에게 영 낯선 곳이었던 거창을 친숙한 곳으로 만든 거창한 인연을 독자들에게 소개한다. 거창은 경상권 일대에 살고 있는 이들에게는 익히 알려진 곳일 수 있지만, 다른 지역에 살고 있는 이들에겐 잘 알려지지 않은 곳일 수도 있다. 서울에서 나고 자란 나는 부산으로 이주한 후로 부산과 인근 지역에 대해 관심을 갖게 되었고 자세히 알아가는 시간을 보내왔지만, 그런 나에게도 거창은 여전히 생소한 미지의 세계였다.
　그런데 물리적으로 먼 거창이 심리적으로 가까운 거창으로 탈바꿈했다. 말로만 들어본 거창을 직접 가보게 되었는데, 방문 목적은 거창으로 귀농한 집주인 내외분을 만나기 위함이었다. 작년에 학교 앞으로 이사하면서 부동산 사무실에서 임대인과 임차인으로 잠시 만난 것이 전부였고, 이분들을 다시 만날 일은 집을 나가기 전엔 없을 것으로 생각했다. 그 예상을 깨뜨린 것은 주인장 내외의 발걸음이었다. 손수 농사지은 농산물을 한가득 싣고 오셔서 문 앞에 놓고 가셨다.

굳이 챙기지 않아도 될 계약 관계의 타인을 위해 땀 흘려 일군 소중한 결실을 나눌 마음을 품고 먼 길 마다하지 않고 큰 짐을 실어 나른 두 분의 후의에 감동하지 않을 수 없었다. 내가 감사 인사를 전하자 주인 부부는 초대로 화답했다. 말이 씨가 됐다. 며칠 후 나는 부산에서 하루 두 편밖에 없는 거창 가조행 시외버스에 올랐고 4시간 후에 거창에 도착했다. 임금님 수라상보다 세 첩이나 많은 15첩 점심상을 대접받는 동안 서로의 발걸음에 감사를 표하고 서로에 대해, 거창에 대해 알아가는 시간을 가졌다.

거창은 가야시대에는 자타(子他), 거타(巨陀)로 불렸고 신라시대에는 크게 일어날 밝은 곳, 넓고 밝은 들이란 뜻의 거열(居烈), 거타(巨陀), 아림(娥林)으로 불리다가 경덕왕 16년(757)부터 거창(居昌)으로 불렸다. 경남 서북단의 내륙산간 지대로 전북, 경북과 접해 있으며 일교차와 연교차가 크고 강수량이 많은 지역이다. 면적은 803.95㎢로 경남의 7.63%를 차지하고, 인구는 59,737명으로 경남 10개 군 중 가장 인구가 많은 곳이다. 사과, 딸기, 버섯과 같은 특산품이 유명하고 지리산, 덕유산, 가야산 등 3대 국립공원의 중심지로도 알려져 있다.

거창에 대해 하나둘 배우는 사이에 어느새 거창을 떠날 때가 됐다. 역시 하루에 두 편뿐인 부산행 막차에 오르기까지 거창에 머문 시간은 세 시간 남짓에 불과했기에 1분 1초가 소중한 시간이었다. 귀가 편 버스 안에서 거창에서 받은 선물을 떠올리게 되었다. 두 손으로 다 들기 어려울 정도로 무겁게 꾸린 과일, 채소, 반찬 꾸러미를 선사받았다. 그전에는 거창이 어디에 있는지도 몰랐었는데 거창의 자연, 역사, 문화에 대해 보고 듣고 알게 되면서 내 삶의 또 하나의 뜻깊은 장소를 선사받았다. 그리고 그저 스쳐 지나는 인연일 수 있었던 만남을 각별한 인연으로 만든 인정 어린 마음을 선사받았다.

거창한 인연의 시작은 그리 거창한 것이 아닐 수 있지만 이웃, 자연과 단절된 채 고립되고 개체화된 삶을 살아가는 현대인들에겐 찾아보기 힘든 만남이다. 이 만남에는 나와 더불어 살아가는 이에 대한 따뜻한 관심과 보살핌, 자발적 수고와 희생이 있다. 종교철학자 마틴 부버(Martin Buber)가 말한 '나와 그것(Ich und Es)'이 아닌 '나와 너(Ich und Du)'의 실존적인 관계가 맺어지는 것이다. 쉽지만은 않은 일이고 상호 반응과 호응이 있어야 하며 늘 해피엔딩으로 이어지는 것은 아닐 수도 있지만, '참 만남'을 통해 우리의 삶을 아름답게 직조하는 이 창조적 예술과도 같은 관계를 결코 소홀히 하거나 포기해선 안 될 것이다.

8. 따로 또 같이

'따로 또 같이'라는 이름으로 사람들에게 알려진 것이 몇 가지 있다. 하나는 얼마 전에 TV를 통해 방송된 예능 프로그램으로, 부부가 함께 여행을 가서 각자 시간을 보내는 내용을 담고 있다. 다른 하나는 2000년대 초반에 상영된 영화로, 뇌경색으로 거동이 불편한 아버지가 자유롭지 못한 오른손으로 딸에게 운전을 가르치면서 빚게 되는 부녀간의 마찰과 사랑을 그렸다. 또 다른 하나는 1980년대 후반에 활동한 중창단으로, 때로는 따로, 때로는 같이 음반을 내고 노래를 불렀다.

언뜻 보면 '따로 또 같이'라는 이름만 같을 뿐 서로 다른 장르에서 서로 다른 이들이 서로 다른 내용을 표현하고 있어 타이틀을 제외하고는 공통점이 없어 보인다. 그러나 가만히 생각해 보면 서로 공유하는 유사한 맥락이 있음을 발견할 수 있다. 부부나 부녀 사이와 같은 가족관계, 친구나 동료 사이와 같은 가까운 인간관계가 포함되어 있으며, 관계를 이루고 있는 구성원의 개별적 영역을 존중하는 것이 생산적인 관계로 이어질 수 있다는 메시지가 함의되어 있다.

친밀한 관계의 특성 가운데 하나가 서로 간의 거리를 좁히고 더 가까이 다가가고자 하는 마음이다. 이미 가까운 관계에 있거나 새로 가까운 관계를 맺고자 할 경우에 서로 당기는 힘이 강하게 작용한다. 그 결과 서로에 대해 잘 모르고 있던 것도 많이 알게 되고 자세히 알게 된다. 서로 가까워진 느낌과 각별한 관계를 맺고 있다는 믿음을 갖게 된다. 그 느낌과 믿음은 사랑, 우정, 동료애, 친밀감으로 불리며, 우리 삶을 충만하고 활력 있게 하는 생동감 넘치는 에너지로 작용하기도 한다.

한데 이렇게 가까워진 관계가 늘 좋기만 한 것은 아니다. 전혀 예상치 못한 난관이 복병처럼 등장하기도 한다. 멀리 있을 때는 보지 못하고 알지 못했던 상대방의 단점과 허물을 훤히 보게 되고 알게 되어 결국에는 실망과 불만이 이어지기도 한다. 어려운 관계였다면 조심했을 말과 행동을 서슴없이 표출하여 갈등과 상처를 빚으며 관계의 악화나 단절을 초래하기도 한다. 이렇게 되면 차라리 가까이 하지 말 것을, 차라리 서로 몰랐더라면…… 하는 부질없는 후회를 하기도 한다.

어떻게 하면 가깝고도 좋은 관계를 유지할 수 있을까? 이는 성공적인 관계의 조건이자 평생의 발달과업이다. 그 방법을 찾기 위해 가깝지 않은 사이에서 얻을 수 있는 이점과 메커니즘을 짚어볼 필요가 있다. 잘 모르는 이들을 대할 때 우리는 물리적·심리적 접근을 조심하고 상대의 영역을 함부로 간섭하지 않으려 한다. 서로의 차이와 다양성을 인정하는 조심스러운 자세를 취한다. 이처럼 각자의 개성과 영역을 침범하지 않고 존중하고 배려하는 태도를 가까운 관계에서도 지속적으로 실천하고 적용하는 것이 좋은 관계를 유지하게 하는 비결이다.

자동차의 안전거리와 같이 인간관계에서도 적당한 심리적인 간격을 유지하는 것이 중요하다. 유교에서 바람직한 관계맺음의 해법으로 강조하고 있는 경(敬)의 개념을 주지할 필요가 있다. 건강한 관계에는 서로 존중하는 마음이 있고 두 사람 사이에 적절한 거리가 있으며 서로 가깝게 밀착되는 공유 지대와 서로 분리되는 개별 지대가 존재한다. 가까운 사이일수록 존중하는 마음을 잃지 않도록 노력해 서로에게 행복이 되는 가깝고도 먼 '따로 또 같이'의 관계를 함께 만들어 가는 것, 이것이 관계의 맛이자 멋이다.

9. 이별에서 만남으로

　삶은 이별이다. 흐르는 시간과의 이별, 낯익은 장소와의 이별, 손때 묻은 물건과의 이별, 길들어진 관습과의 이별……. '이별'이라고 하면 우리 마음에 떠오르는 것은 왠지 모를 아쉬움과 서운함이다. 더구나 이별의 대상이 생명을 지닌 존재였다면 그 헤어짐은 때로 감당하기 어려운 충격과 고통으로 다가오기도 하고, 쉽게 지워지지 않을 깊은 상흔을 남기기도 한다.

　귀한 생명을 잃었을 때 느끼는 상실감은 그를 직접 알지 못하는 이들에게도 널리 공유되는 감정이다. 몇 해 전 우리에게 심리적 박탈감을 가져온 두 생명과의 이별이 있었다. 환자가 휘두른 흉기에 목숨을 잃은 강북삼성병원 정신과 전문의 임세원 교수, 제2차 세계대전 중 일본의 만행을 알리고 공의를 위해 앞장서서 싸워온 김복동 할머니와의 이별이 그것이다.

임세원 교수는 예약 없이 찾아온 환자가 진료를 받을 수 있도록 온정과 후의를 베푼 자애로운 의사였다. 자신의 목숨이 위태로운 일촉즉발의 상황에서 자기 살길을 찾기보다 간호사의 안전을 먼저 살핀 보호자였다. 평소 환자와 그 가족을 살뜰히 보듬은 자상한 상담가였을 뿐 아니라 선후배 동료에게는 신의 두터운 동료였으며 가족에게는 든든한 기둥이었다.

김복동 할머니는 일본에 의해 자행된 인권 유린의 참상을 용감하게 알린 인물이었다. 과거 여군으로 알려진 정신대가 일본에 의해 끌려가 성 착취를 당한 피해자 집단이었음을 세상에 처음 폭로한 당사자였다. 또한 일본이 반성과 사과는커녕 진실 은폐와 책임 전가에 급급한 것을 규탄하고 반인륜 범죄의 처벌과 재발 방지를 위해 공개 저항과 사회 운동에 힘써온 투사였다.

이별을 통해 비로소 가까이 알게 된 이 두 사람의 궤적은 우리 마음에 지울 수 없는 종적을 새겼다. 임 교수의 행적에서 느낄 수 있는 착하고 어진 마음은 우리의 상한 심령을 위로하고 아픈 상처를 치유하는 신비한 효험의 명약 처방을 남긴다. 공의를 향한 김 할머니의 담대한 행보는 사필귀정의 세상을 믿게 하고 그런 세상을 위해 우리 모두 함께 져야 할 사회적 책무를 일깨운다.

두 생명과의 이별, 애석하고 비통한 일이었으나 이별로 인해 우리는 또 다른 만남에 이르게 된다. 생명을 살리는 마음, 불의와 타협하지 않는 마음, 진실과 정의를 위해 용기 내는 마음, 내 고통을 통해 타인의 아픔을 헤아리는 마음, 개인의 불행과 상처가 확산되지 않게 하는 마음, 내 손익에 연연하지 않고 세상을 더 나은 곳으로 만들고자 하는 마음……. 그 만남과 만나게 한 이별은 우리 가슴속 반짝이는 별이 되었다.

10. 조부모-손자녀 관계

통계청에 따르면 2024년 말 현재 우리나라 여성 1명이 평생 동안 낳는 자녀 수의 평균, 곧 합계 출산율은 0.75명으로, 2013년부터 지금까지 OECD(경제협력개발기구) 국가 중 최하위를 유지하고 있다. 출산 기피의 배경에는 다양한 요인이 복합적으로 얽혀있지만, 맞벌이가 일반화된 상황에서 자녀를 돌봐줄 마땅한 양육자를 찾기 어려운 현실이 결정적으로 작용하고 있다. 과거에는 조부모가 주된 양육 자원이었다. 조부모가 손자녀와 한집에 살거나 가까이 살면서 친밀한 관계를 유지하며 언제든 부모 역할을 대체할 수 있는 가용 인력으로 존재했다.

근래에는 결혼한 자녀와 따로 사는 경우가 늘어 긴밀한 지원이 어려워졌다. 같이 살아도 혈기왕성한 손자녀를 돌보는 일은 육체적·정신적으로 버거운 일이다. 자녀 양육의 짐에서 벗어나 홀가분해질 무렵에 다가온 손자녀 양육은 또 하나의 굴레로 인식되고 있다. 손자녀 양육에 대한 가치관의 차이로 인해 자녀들과 갈등을 빚기도 한다. 때로 손자녀 양육을 거부하거나 양육비를 청구하는 경우도 있다. "손주가 오면 반갑고 가면 더 반갑다"라는 우스갯소리에는 조부모의 고충이 담겨있다.

　이처럼 손자녀 양육은 부담스러운 일이기도 하나 조부모에게 주는 유익도 크다. 조부모는 손자녀의 존재 자체로 기쁨을 맛본다. 자칫 단조롭고 건조할 수 있는 노년에 생기발랄한 손자녀가 삶에 활력을 불어넣을 수 있다. 자녀를 기를 때는 미처 몰랐거나 놓쳤던 것을 새롭게 발견할 수 있고 인생의 경륜과 지혜를 발휘해 노련하게 대처할 수 있으며 그로 인해 보람을 느낄 수 있다. 이뿐만 아니라 자신의 삶을 의미있게 마무리해야 하는 노년의 발달과업을 손자녀와의 관계를 통해 성취할 수 있다.

　한편 조손관계가 손자녀에게 주는 유익 역시 다양하다. 조부모는 보살핌이 필요한 손자녀에게 긴요한 돌봄을 제공하는 믿음직한 지원처다. 조부모는 부모의 사랑과 유사한 일차적 가족 사랑을 경험하게 하면서도 어딘지 모르게 부모의 사랑과는 결이 다른 차원의 사랑을 느끼게 한다. 손자녀는 조부모를 통해 모방과 동일시 인물을 다채롭게 접촉할 기회를 가질 수 있게 된다. 이 모든 것이 건강한 자아정체감의 뿌리가 되어 손자녀의 과거, 현재, 미래의 삶에 안전한 신뢰의 기반을 구축하게 한다.

나는 할아버지의 사랑은 경험해 보지 못했지만 할머니의 사랑은 경험해 봤다. 짧은 시간이었지만 할머니와 보낸 시간을 기억한다. 유년의 추억으로 저장된 할머니와의 관계는 말로 설명하기 어려운, 몸으로 체감되는 느낌으로 저장돼 있다. 오랜 세월이 흘렀어도 내면에 깊이 자리 잡은 감각으로 기억된다. 특별히 외할머니로부터 받은 사랑은 멀리 사셨던 외할머니를 자주 만나지 못했어도, 외할머니가 일찍 세상을 떠나셨어도, 이후로 긴 시간이 흘렀어도 지금껏 선명하고도 뚜렷한 흔적으로 남아있다.

외할머니에게 나는 각별한 존재였다. 당신의 고명딸이 몇 번의 유산 끝에 어렵게 얻은 첫 자녀였기에 더 소중한 생명이었다. 외할머니로부터 받은 조건 없는 사랑은 흔들림 없는 반석과도 같았다. 그 사랑은 살면서 부딪는 크고 작은 고난과 시련을 꿋꿋이 버텨낼 힘이 되어 손녀의 삶을 지탱하는 축이 됐다. 그리고 외할머니가 없는 세상에서 또 다른 모습으로 그 사랑에 보답할 마음으로 살아있다. 깊은 우물 같은 조손간의 돈독한 관계는 온갖 걸림돌을 극복하고라도 두레박으로 애써 길어 올릴 가치가 있는 축복의 역사다.

II.
여행과 여정을 통해 배우기

- 세계는 한 권의 책이며 여행자들은 그 책의 한 페이지를 읽었을 뿐이다.
  - 아우구스티누스

자연 속 공간은 예술 작품을 벌여놓은 야외 전시장이나 전위적 미술관을 연상케 할 만큼 아름다움으로 가득한 심미적 공간이었다. 잃어버린 마음과 빼앗긴 정신에 다시 집중하게 하는 수련소의 역할을 담당하는 심리적 공간이자 철학적 공간이었다. 학습과 성찰이 이루어지는 배움의 공간이기도 했다.

1. 길

국어사전에 따르면, 길은 사람이나 동물 또는 자동차 따위가 지나갈 수 있게 땅 위에 낸 일정한 너비의 공간을 말한다. 땅 위의 공간뿐만 아니라 물 위나 공중에서 일정하게 다니는 곳을 말하기도 하며, 걷거나 탈것을 타고 정한 곳으로 가는 노정(路程)을 말하기도 한다. 길은 이와 같이 지나다닐 수 있는 공간과 그 공간에서 거쳐 가게 되는 과정을 뜻할 뿐만 아니라, 어떤 일을 해 나가는 방법이나 당면한 문제를 해결하는 접근방식, 의사결정, 대처방안을 뜻하기도 한다.

길을 뜻하는 영어 단어로는 way, path, road, street 등이 있다. 어떤 맥락에서 어떤 뉘앙스의 길을 말하는 것인지에 따라 선별적인 뜻으로 쓰인다. way는 추상적인 의미의 길로, 흔히 일을 처리하는 방법을 뜻한다. path는 실재하는 목적지까지 가는 방법 또는 정신적인 수련이나 수도의 여정을 의미한다. 반면, road와 street는 물리적 장소라는 협의의 길을 충실하게 표현하여, road는 뻥 뚫린 찻길을 뜻하고 street는 길을 따라 이리저리 뭔가 늘어서 있는 길을 말한다.

한편, 길을 뜻하는 한자 도로(道路)를 풀어 보면, 道(길 도)는 辶(쉬엄쉬엄 갈 착)에 首(머리 수)가 합쳐진 것으로, 사거리에서 가고자 하는 방향으로 머리를 돌려 향하여 가는 길을 말한다. 道는 가고자 하는 목적지로 인도하는 길을 의미하기도 하지만, 도덕적으로 향해 가는 길을 의미하기도 한다. 路(길 로)는 발 족(足)과 각각 각(各)이 합쳐진 글자로, 各은 足을 거꾸로 쓴 것이기에, 서로 왕복할 수 있는 길을 의미한다. 글자 그대로 해석하면 각자 발로 걸어 다니는 길을 뜻한다.

동서양을 막론하고 길은 중요한 윤리적·철학적·종교적 개념이자 덕목이다. 유교에서는 길을 도리(道理), 즉 사람이 마땅히 지키고 행하여야 할 바른길, 바른 몸가짐, 바른 마음가짐으로 강조하고 있다. 불교에서는 우주 삼라만상의 존재와 변화에 내재되어 있고 근원적인 기제와 준거가 되는 법칙이나 이치에 대한 사유 방법으로서의 길에 대한 깨달음을 설파하고 있다. 기독교에서는 창조주 하나님이 기뻐하는 삶의 방식으로 사람이 취해야 할 올바른 도의적(道義的) 실천의 길을 중시하고 있다.

우리는 사는 동안 수없이 많은 길을 간다. 흙길, 자갈길, 아스팔트 길, 찻길, 골목길, 산길, 물길, 숲길, 오솔길, 꽃길, 가시밭길, 빗길, 눈길, 갈림길, 언덕길, 비탈길, 오르막길, 내리막길, 막다른 길, 외길, 갈래 길, 부부의 길, 부모의 길, 자녀의 길, 형제자매의 길, 친구의 길, 이웃의 길, 학생의 길, 직장인의 길, 시민의 길, 앞서가는 이의 길, 뒤에 가는 이의 길을……. 그 길을 가는 것이 수월하고 유쾌하며 좋은 경험과 추억이 되는 때도 있고, 달갑지 않거나 끔찍한 악몽과도 같은 때도 있다. 길 자체의 특성과 그 길을 가는 사람과 환경의 역동이 복잡미묘하게 작용한다.

  어떤 이는 길이 없는 곳에 길을 낸다. 울퉁불퉁한 길을 평평하게 고르고 발부리에 차이는 돌을 치우며 길가에 꽃과 나무를 심는다. 길을 안내하는 표지판을 세우고 길 한편에 쉬어갈 벤치를 놓으며 한여름 땡볕을 피할 차양을 만든다. 배고픈 들짐승을 위해 먹이를 군데군데 둔다. 어떤 이는 길을 막고 담을 쌓는다. 오물을 버리고 안내판의 방향을 돌려놓는다. 꽃, 나무, 벤치, 동물을 가져가고 길 가는 이를 빠뜨릴 함정을 파며 귀한 생명을 해친다. 한 해가 저문다. 나는 어떤 길을 걸어왔고 어떤 길을 갈 것인가를 숙고하는 세밑이길 바란다.

2. 길 안내

얼마 전 학과 학생들이 실습 중인 사회복지 기관을 여러 군데 방문한 적이 있었다. 거의 모든 기관을 돈 후 딱 한 곳만을 남겨 놓았을 때 적잖은 고민에 싸이게 되었다. 기관에 도착하면 거의 퇴근 시간이 될 것 같아서였다. 업무 종료로 바쁜 시간에 손님으로 방문하는 것이 민폐가 될 수 있기에 다른 날 다시 올까 아니면 그래도 가볼까를 놓고 갈등했다. 고심 끝에 일단 기관으로 향했다. 기관 근처 정거장에 내렸을 때는 퇴근 시간을 겨우 15분쯤 남겨놓은 시점이었다.

마음이 급했다. 베스트 시나리오는 5분 내에 도착해 10분 내에 방문을 마치고 6시 전에 나오는 것이었다. 기관까지 가는 길을 대충 파악하고 갔지만 아는 길도 물어 가는 심정으로 차에서 내리자마자 지나가는 행인에게 기관의 위치를 물었다. 내가 검색한 경로와 다소 차이가 있었지만 일러준 대로 가보기로 했다. 한데 한참을 가도 기관은 보이지 않았다. 끝내 왔던 길로 돌아가 사전에 알아본 정보에 기초해 바른 길로 접어들었고 가까스로 퇴근 시간 전에 당도했다.

그로부터 며칠 뒤에 이번에는 내가 다른 이의 길을 안내하게 됐다. 가깝게 지내는 외국인 부부와 시내에서 만나 차를 한 잔 나누기로 했다. 약속 장소는 부부가 사는 곳에서 멀지 않은 곳이었고 지하철과 버스로 쉽게 접근할 수 있는 교통의 요지에 있었다. 출발지에서 오는 방법과 경로를 최대한 쉽고 상세히 설명한 안내문을 미리 보냈다. 약속한 날 약속 장소에 먼저 도착해 부부를 기다렸지만 수십 분이 지나도 부부는 나타나지 않았다. 연락을 해보니 엉뚱한 곳에서 헤매고 있었다.

결국 내가 부부를 찾아 나섰고 이들을 만났을 때는 약속 시간을 1시간이나 훌쩍 넘긴 뒤였다. 안내대로만 했다면 이리 생고생을 하지 않았을 텐데 하는 안타까운 마음이 들었고, 바른 길 안내를 위해 애쓴 저간의 수고도 물거품이 된 것 같아 속상하고 답답했다. 알려준 노선을 밟았다면 목적지를 쉽게 찾았을 것이고 방황하지 않았을 것이다. 그들은 안내 없이도 잘 찾아갈 수 있다고 생각해 안내 지침과 다른 길을 택했지만 결과는 경로 이탈이었다. 결국 안내한 이와 안내받은 이 모두 힘들게 했다.

이 두 사건은 길 안내에 대해 많은 것을 생각하게 하는 계기를 마련해주었다. 전자의 경우는 안내하는 이가 올바른 정보를 갖고 있지 않거나 정보를 정확하게 전달하지 않았을 때의 사례였다. 이런 상황에서는 안내받는 이가 길을 잃고 헤매게 되거나 시간과 에너지를 낭비하기 십상이며 최악의 경우에는 가야 할 목적지까지 도달하지 못하고 도중에 포기하게 되는 일이 발생할 수 있다. 요컨대 안내자의 자질과 역량의 중요성, 그리고 안내하는 이가 안내받는 이에게 미치는 의미심장한 영향력을 새삼 실감하게 하였다.

반면 후자의 경우는 비록 안내가 정확하고 안내받는 이에게 유익하다고 하더라도 안내받는 이가 이를 받아들일 자세가 되어 있지 않을 때, 자신의 판단에 치우쳐 길을 잘못 드는 사례였다. 이런 상황에서는 아무리 좋은 안내도 허사가 되고 낭패가 될 수 있음을 여실히 보여준다.

평생 길 안내를 받거나 길 안내를 하며 사는 것이 우리 인생이기도 하다. 피차 바른 길을 안내하고 바른 안내를 따르는 '공동 책임의 동행'이 길을 걷는 우리에게 주어진 길 위의 숙제라는 것을 마음에 새기면서 오늘도 길을 나선다.

3. 길 위의 교훈

부산에 살면서 좋은 점은 서울에 살 땐 몰랐던 부산 인근의 아름다운 곳을 알게 되고 가볼 기회도 생긴다는 것이다. 해마다 3월이면 학생들과 MT를 가는데 밀양 배내골이 단골 장소였다. 봄에만 여러 번 갔던 배내골을 올해는 여름과 가을에 다른 일행과 가게 됐다. 7월과 10월, 두 동호회의 주말 트래킹에 합류해 10km가량 배내골 개울 주변의 평지를 걷고 산지를 오르내렸다.

4시간 가량 걸으면서 길 위에서 깨달은 것이 있었다. 그동안 내가 알고 기억해 온 배내골은 초봄의 배내골이었다. 한여름 불볕더위에 찾은 배내골은 춘삼월의 배내골이 아니었다. 무성한 초록빛이 새로운 느낌으로 다가왔다. 가을에 찾은 배내골은 여름의 배내골과는 다른 모습이었다. 여름볕과는 다른 느낌의 가을볕, 나무에 주렁주렁 달린 과일, 가는 길마다 수북이 쌓여 있는 낙엽의 배내골이었다.

나의 머릿속에 각인된 배내골은 그 일부, 일면, 일각에 불과한 것임을 알게 됐다. 우리의 지각과 인식은 주관적으로 경험한 바에 좌우되고 한정된다는 평범한 진리를 되뇌었다. 제한된 경험에 기초한 사고와 판단을 조심해야 할 필요에 대해 생각해 보는 계기가 됐다. 같은 곳을 다른 계절에 걸으면서 얻게 된 성찰이었다. 이 성찰은 힘겨운 경사로를 오를 때나 막힌 길, 끊어진 길을 만났을 때 헤쳐 나갈 힘이 되었다.

또 다른 깨달음도 있었다. 이번 가을 트래킹은 좋은 날씨, 이미 가본 길이라는 호조건에도 불구하고 무더운 여름날의 초행 때보다 시간이 더 걸렸고 육체적으로도 많이 힘들었다. 걸으면서 원인을 분석해 보았다. 호우와 태풍의 영향으로 곳곳의 길이 끊겨 어렵사리 길을 내 통과하거나 왔던 길로 돌아가야 했기에 에너지를 많이 소진한 탓일 수도 있고, 무거운 짐을 지고 험난한 길을 걷느라 힘겨웠을 수도 있었을 것이다.

트래킹 여정의 1/3쯤 되는 지점에서 일행들과 점심을 먹으며 쉬었다. 허기를 달랠 수 있어 좋았고 지친 몸을 회복할 수 있어 좋았으며 일행 한 사람 한 사람에 대해 알 수 있어 좋았다. 또한 무거운 배낭을 홀가분하게 비워낼 수 있게 된 것도 좋았다. 공동체의 일원으로서 함께 가는 이의 짐을 나 몰라라 하지 않고 나눠 지는 일도 필요하지만, 덜어야 할 짐을 제때 덜어내는 것이 얼마나 중요한 것인가를 깨닫게 됐다.

식사 후 몇 명은 남은 일정을 포기했다. 나는 다른 일행과 함께 계속 걷기로 했다. 이후 중단 없는 강행군 속에서 나는 컨디션이 나빠졌고, 나로 인해 속도가 늦춰져 차질을 빚게 될까 봐 조바심을 내며 걷게 되었다. 그러다 보니 여정의 후반은 초반과 달리 주변의 경치를 즐기거나 사색의 걸음을 내딛기 어려웠다. 이런 마음의 변화와 그로 인한 결과의 차이를 실감하며 심리적 행로의 작용과 파장에 대해서도 생각해 볼 수 있었다.

여정을 그만두고픈 마음도 들었지만, 끝까지 갈 수 있었던 것은 동행한 이들의 배려와 도움 덕분이었다. 힘들어하는 동료를 위해 흔쾌히 속도를 늦춰주는 마음, 앞에서 끌어주고 뒤에서 밀어주는 손길이 있었기에 포기하지 않고 갈 수 있었고, 그 끝에는 종착지가 있었다. 힘겨웠던 만큼 여정을 마친 후의 기쁨은 길고 깊었다. 고난의 행군 같았던 가을 배내골을 다녀온 지 일주일밖에 안 됐는데 어느새 겨울 배내골이 기다려지는 이유다.

4. 산 위의 교훈

 올해 역점을 두어 실천하고자 한 것이 일과 여가의 균형을 이루는 것이었다. 일에 몰두하는 시간이 점점 길어짐에 따라 몸에 무리가 따르고 건강에 이상이 생기게 되어 이를 방지하기 위한 자구책을 마련해야겠다는 궁리를 하게 되었다. 내가 떠올린 것은 걷기였다. 걷는 동안 일에서 벗어날 수 있고 부족하기 쉬운 운동 양도 채울 수 있으니 일석이조라고 생각했다.
 평소 대중교통을 이용하고 짧은 거리는 걸어 다니며 엘리베이터보다 계단을 이용하지만 이것만으로는 충분치 않은 느낌이었다. 한 달에 한두 번은 좀 오랜 시간 다소 힘겨운 코스를 걷는 게 좋겠다는 생각에 몇몇 걷기 모임에 합류했다. 보통 반나절 정도 평지보다는 언덕과 야트막한 산지가 포함된 코스를 걸었다. 걷는 동안 아름다운 경치도 감상하니 일석삼조였다.

이번 달에는 새로운 일행과의 산행을 계획했다. 부산에 오래 살았어도 부산을 속속들이 알지 못하기에 내가 가보지 않은 곳이 행선지이기를 바랐다. 그런데 금정산이었다. 실망스러웠다. 금정산이 부산의 상징과도 같은 산이라는 것은 잘 알고 있지만 최근 겨울과 여름에 다녀온 바 있고 내가 사는 곳에서 꽤 먼 곳이라 아침 산행을 위해 일찍 일어나야 하는 것도 썩 내키지 않았다. 큰 기대 없이 약속을 지키기 위해 나섰다.

경로는 북문에서 동문으로 가는 코스였다. 이미 금정산에 가본 적이 있고 다른 모임에서 경사 큰 구릉지도 오래 걸어본 터라 이번 코스는 무난히 마칠 자신이 있었다. 따갑게 느껴지는 가을 햇살 아래 쉼 없이 걷는 것이 힘겹게 느껴진 때도 있었으나 대체로 까다롭지 않은 코스였다. 한데 방심할 무렵 예상치 못한 의외의 코스를 만났다. 일행이 선택한 길에는 내가 한 번도 가보지 않은 암벽 코스가 있었다.

땅 위를 걷는 것과 달리 바위를 타는 일은 위험하고 힘들었다. 내게 선택권을 주었다면 가지 않았을 텐데 일행은 묻지 않고 앞장서서 갔고 나는 엉겁결에 따라갔다. 일부 구간은 바위와 바위 틈새의 간격을 건너뛰며 올라가야 했는데 고도가 높아질수록 절벽 아래를 내려다보는 것만도 아찔했다. 정상을 향해 오르는 동안 나는 가지 않겠다는 말도 못 하고 사서 고생을 하는 자신을 탓했다. 그러는 동안 정상에 도달했다.

엉금엉금 기어오르는 동안 수그렸던 얼굴과 몸을 산 정상에서 활짝 펴는 순간 사방에 탁 트인 전망이 한눈에 들어왔다. 빛깔 고운 단풍으로 물든 아름다운 산야가 눈앞에 펼쳐져 있었고 산들바람이 두 뺨을 스쳤다. 그 순간은 지금껏 앞길을 가로막아 온 크고 작은 걸림돌을 헤쳐 나온 후에 비로소 누릴 수 있는 희열이었다. 산 정상에 서니 지금까지 걸어온 길이 보였고 앞으로 가야 할 길도 보였다. 높은 곳에 서서 보니 그 길이 훤히 보였다.

그 조망과 시각은 인생의 교훈으로 이어져 지나온 과거를 성찰하고 가야 할 미래를 생각하게 했다. 산행 중 맞닥뜨린 돌부리, 경사로, 낭떠러지, 미끄러운 낙엽과 같은 인생의 문제를 회피하지 않고 지혜롭게 이겨내는 것이 현명한 삶의 자세라는 생각도 들었다. 산 위의 교훈을 얻게 해준 길벗처럼 나 역시 끊어진 길에서 손 내밀어 길이 되어주고 동행의 삶에 도움을 주는 조력자가 되어야겠다는 깨달음도 얻고서 다시 난관과 위기가 있는 산 아래로 향했다.

5. 산타 버스 탑승

　어린 시절 12월은 설렘의 달이었다. 조건반사처럼 12월이 행복으로 기억되는 것은 크리스마스와 산타 할아버지 때문이다. 어른이 된 지금 12월은 수백 장의 답안지를 채점하고 성적을 입력해야 하는 기말이며, 한 해 동안의 프로젝트를 마무리하고 결과 보고를 해야 하는 연말이다. 또한 관계 기관에 자문을 해야 하고, 제쳐두었던 각종 원고도 써야 하는 마감의 시기다. 여기에 해마다 발송지가 늘어나는 성탄 카드를 부치는 일까지. 하루를 한 달처럼 써도 시간이 부족한 달이다.
　이렇게 눈코 뜰 새 없이 바쁜 때 서울에서 손님이 오셨다. 한 주간 절반가량을 밤샘한 피곤한 몸으로 약속 장소인 부산역으로 향했다. 버스를 타려고 일찌감치 정거장으로 나갔는데 주말이라 그런지 평소보다 배차 간격이 길었고 한참을 기다려도 버스는 좀처럼 오지 않았다. 수십 분이 지난 후에 도착한 버스는 다른 방향으로 가는 버스였다. 다음 버스를 기다릴까 하다가 자칫해서 늦어지면 멀리서 오신 손님께 결례가 될 테니 일단 이 버스를 타고 중간에 내려 환승하기로 했다.

　문이 열리자 "어서 오세요"란 인사가 들렸다. '저 안녕 못 해요!'라고 할 수 없어 고개 숙인 채 소극적인 답인사를 했다. 한데 이게 웬일인가? 차에 올라 보니 운전석에 산타 할아버지가 있었고 실내는 크리스마스 장식으로 가득했다. 며칠 밤을 새운 후라서 헛것이 보이나 싶었다. 눈이 휘둥그레져서 주위를 둘러보았다. 오색찬란한 장식, 손으로 쓴 문구를 보니 미소가 번져 나왔다. 내가 첫 손님이었고 자리에 앉자 캐럴이 흘러나왔다. 혼자 보고 듣기 아까워 난생처음으로 SNS 생중계를 했다.

　내가 이리 변덕스러운 사람인지 몰랐다. 불과 몇 분 전만 해도 '하필 이 버스람!' 하고 달갑지 않게 생각했는데 이젠 곧 내려야 하는 것이 아쉬웠다. 약속만 아니라면 종점까지 가고 싶었다. 누가 시키지도 않았을 텐데 손님을 위해 이렇게 정성을 기울여 행복을 배달하는 기사가 어떤 분인지 궁금했다. 내리기 전에 용기를 내 앞으로 갔다. 사진을 찍어도 될지 여쭸고 호쾌한 승낙과 함께 찍기 좋은 위치와 각도 안내에 엄지를 들어 올린 친절한 포즈까지 선사받았다.

　무엇이 나를 변심케 했을까? 그것은 맡은 일에 대한 사명으로 진심을 다하는 이들이 주는 긍정의 에너지였다. 기쁨으로 헌신하며 주위에 유익을 끼치는 이들이 전하는 강력한 파장이었다. 10분 남짓의 산타 버스 탑승은 인생에 대한 성찰로 이어졌다. 살다 보면 산타 버스와 같은 행운의 여정에도 오르고, 공포와 불안의 도가니와 같은 불운의 여정에도 오른다. 중요한 것은 흔들림 없이 본질에 충실하며 선한 영향력을 주고받는 관계와 실천이다.

성숙 인격론의 심리학자 매슬로(Maslow)는 인간의 욕구가 생존의 욕구로부터 안전의 욕구, 소속의 욕구, 자아존중감의 욕구, 탐미의 욕구, 자아실현의 욕구로 위계적으로 발달해 간다고 보았다. 대학 신입생 시절에 이 이론을 처음 배웠을 때는 매슬로가 제시한 자아실현의 예로 예수, 석가, 공자, 링컨을 기계적으로 암기했었다. 선생이 된 요즘은 여기에 세종대왕, 이순신 장군, 미래의 학생들 자신을 덧붙여 해설한다. 다음 강의엔 가까운 우리 동네 산타 버스 기사를 소개할 수 있을 것 같아 12월이 다시 설렌다.

6. 또 하나의 가족

나에겐 남들에겐 없는 특별한 가족이 있다. 이 특별한 가족이 또 하나의 가족이 된 출발점은 여행이었다. 서울에서 국공립어린이집 원장으로 있던 시절, 유럽의 보육시설 탐방을 위해 단체연수를 갔다. 여정을 마친 후 프랑크푸르트 공항의 귀국 수속 대열에 있을 때 문득 혼자 남아 며칠 더 여행하면 어떨까 하는 엉뚱한 생각을 했다. 부모 연배의 원장들은 단독 여행의 위험을 열거하며 만류했고, 여행을 인솔했던 여행사 직원도 항공권 교환이 불가하다는 강경한 입장을 고수했다.

큰 기대 없이 항공사 카운터를 찾아가 문의를 했다. 한참 후 수수료 없이 원하는 날짜의 표로 바꿔주겠다는 믿기지 않는 답변을 듣게 됐다. 기쁨과 흥분을 감추지 못하는 나와 반신반의하는 표정, 어이없어하는 표정, 걱정스러워하는 표정을 한 일행들의 얼굴이 교차

했다. 끝내 고집을 굽히지 않는 나에게 일행 중 한 명은 자신이 쓰다 남은 외화를 쥐여주며 몸조심하라고 당부했고, 다른 원장은 한국에서 공수해 온 고추장 단지를 건네며 "꼭 살아서 돌아오라!"라는 지령을 남기고 떠났다.

일행과 헤어진 후 한 번도 가보지 않은 뮌헨으로 향했다. 숙소부터 찾았다. 여행 책자에 소개된 숙소는 시내에서 꽤 떨어진 곳에 있었다. 방 배정을 받은 후 밖으로 산책을 나갔다. 한 남자가 땀을 흘리며 일하는 모습이 눈에 띄었다. 행사장을 설치하고 있는 듯했는데 지나가던 나에게 대뜸 한국 사람이냐고 물었다. 독일에서 활약한 축구선수 차범근의 팬이라는 말이 대화의 초석이 되었다. 이런저런 이야기를 나누며 자연스레 일을 거들게 되었고 다음 날 열릴 행사에 초대를 받았다.

이튿날 약속 장소로 나가보니 한산했던 전날과 달리 많은 사람들로 북적이고 있었다. 뮌헨 시립병원의 직원들이 일 년에 한 번 이자르(Isar)강에서 여는 가족 동반 파티가 시작된 것이었다. 어느새 구면이 된 아저씨의 소개로 졸지에 주목받는 귀빈이 되었다. 많은 이들의 따뜻한 환대를 받았는데 그중에서도 유아교육에 관심이 많은 쌍둥이 엄마 수잔네(Susanne)와 한국과 독일의 교육 제도를 비롯해 사회, 문화에 관한 긴 대화를 나눴다. 파티가 끝날 무렵 수잔네의 집으로 또 다른 초대를 받았다.

이틀 후 방문한 수잔네의 집에는 엊그제 만난 부부와 아이들 외에 인근에 사는 아이들의 친할머니, 친할아버지, 외할머니, 남아프리카에서 방문한 외삼촌, 외사촌까지 대가족이 한데 모여 있었다. 3대륙의 문화가 만나는 시간은 새롭고 흥미로웠다. 숙소로 돌아갈 참에 한국으로 갈 때까지 있고 싶은 만큼 있다가 가라는 후의 어린 제안을 받았다. 결국 유럽에서의 마지막 날을 여기서 머물다가 귀국했다. 이후로도 우리는 연락을 주고받으며 돈독한 사이를 유지했고 독일과 한국에서 행복한 가족상봉을 이어왔다.

이 여행을 계기로 나는 독일에 대해 더 관심을 갖게 되었고 혈연과 지연을 초월해 가족, 친구, 이웃을 얻었다. 그들 역시 한국을 좋아하게 되었고 서울과 부산을 알게 되었다. 네 살배기 꼬마가 대학생이 되는 동안 우리들의 유대와 결속도 커졌다. 다른 문화에 대한 이해로 우리 삶은 넓어지고 깊어졌다. 5월 21일은 유엔이 정한 세계 문화 다양성의 날(World Day for Cultural Diversity for Dialogue and Development)이다. 다른 문화를 존중하는 세계 시민의식과 연대가 강조되는 때 또 하나의 가족을 통해 다양한 문화 속의 성장적 가치를 되새긴다.

7. 다시 만난 프라하

지난달 학회 참석을 위해 체코 프라하에 갔다. 프라하는 내 첫 유럽 여행지 가운데 하나였다. 당시에는 중부 유럽을 여행하면서 프라하에 하루이틀 머문 게 고작이었지만 지금까지도 또렷이 기억하는 프라하만의 인상적인 모습이 있었다. 20년 만에 프라하를 다시 찾게 되어 감회가 새로웠다. 지금도 그때와 같을까? 많이 변했을까? 궁금한 마음도 들었고, 이번엔 프라하를 좀 더 보고 좀 더 알 수 있으면 좋겠다는 희망도 품었다. 이런 내 기대는 흡사 긴 세월 동안 떨어져 지내며 만나지 못한 친구를 오랜만에 다시 만나는 듯한 감정을 연상케 했다.

20년 전 프라하의 첫인상은 프라하로 가는 기차 안에서 만난 차장이었다. 오스트리아에서 체코로 가는 야간열차를 탔는데 불시 검문으로 잠에서 깼다. 비몽사몽 눈을 떠보니 영화 속에서나 본 듯한 군인 복장의 무시무시한 승무원이 알아듣기 어려운 영어로 호통을 치듯 언성을 높이고 있었다. 이미 기차로 여러 나라를 이동한 뒤였는데, 그동안 어느 나라에서도 경험해보지 못한 삼엄한 분위기는 내가 최근까지도 공산국이었던 나라로 가고 있음을 실감케 했다. 날이 밝기도 전에, 프라하에 도착하기도 전에 프라하 여행을 후회하게 했다.

어두운 밤을 통과해 맞이한 프라하의 아침은 더 환하고 눈부시게 느껴졌다. 여장을 풀 숙소부터 찾았는데 100년도 더 된 듯한 관공서에 침대 정도만 구비해 숙소로 전환한 시설이었다. 허름한 건물이었지만 높은 천장, 아름다운 조명, 우아한 벽장식은 바로크 시대의 멋스러움을 담고 있었다. 이외에 지금껏 프라하의 이미지로 각인된 또 다른 기억은 길고 아름다웠던 카를교다. 다리 위의 다리 같은 긴 인파까지 카를교의 특별한 인상으로 남아있다. 한편 프라하성에서 만난 고건축은 첫 대면에 현기증을 느낄 정도로 장엄하고 압도적인 느낌으로 새겨졌다.

오랜만에 다시 찾은 프라하에서 예나 지금이나 변함없이 그대로인 카를교와 프라하성을 만나니 무척 반가웠다. 격세지감을 느끼게 한 변화도 있었다. 도시 전체가 더 밝고 활기찬 느낌이었고 과거 공산국의 분위기는 찾아보기 어려웠다. 예전에도 관광객이 많았었지만 그때보다 더 많은 관광객이 가는 곳마다 인산인해를 이뤘다. 유럽 사람이 모조리 이곳으로 왔나 의문을 가질 정도였다. 20년 전에는 주위를 둘러보아도 한국인 관광객은 한 명도 찾아보기 어려웠으나 이번엔 여기저기서 한국말이 들릴 정도로 한국 사람이 많은 것도 달라진 점이었다.

학회 발표 후 학회 측이 마련한 3일간의 관광 일정에 참가했다. 가이드의 안내를 통해 프라하의 역사와 장소, 건물, 인물의 사회문화적 의미를 알게 되었다. 잘 모르고 바라보던 때와는 달리 보였다. 대상에 깊이 있게 다가가기 위해서는 내부자적 관점에서 그의 주관적 경험을 이해하는 것이 중요함을 배웠다. 또한 익숙한 상황과 환경에서 떨어져 나와 마치 다른 그림 속에 들어와 있는 나 자신을 발견하면서 나에 대해 객관적으로 바라보는 시간도 가질 수 있었다. 그리고 구불구불 골목길 많은 프라하의 구시가에서 길을 잃고 고생했을 때는 내가 그곳을 잘 안다고 자만하는 대신 겸손을 배우게 했고, 쉽고 빠른 길로 직진하지 않고 굽은 길로 돌아가면서 비로소 볼 수 있었던 숨은 비경을 또 하나의 보물로 간직하게 했다. 다시 만난 프라하는 익숙함과 새로움이 직조된 여행의 묘미를 맛보게 했다.

8. 예상 밖 오키나와 여정

　지난 설 연휴에 일본 오키나와로 출장을 갔다. 오키나와의 첫인상은 내 예상을 벗어난 것이었다. 여행을 준비하면서 현지 기온을 알아보니 부산의 11월 초 날씨였다. 쌀쌀해지기 시작하는 가을 날씨를 예상했으나 도착해 보니 훨씬 따뜻하고 온화했다. 가을옷을 챙겨오면서 혹시 하는 마음으로 얇은 옷 한두 벌을 넣었는데 그러길 잘했다는 생각이 들었다. 예상과 다른 현실이었지만 이 정도 예측 불발은 문제 될 게 없었다. 오히려 적중하지 않은 예상과 예측이 기분 좋게 느껴졌다. 얇은 옷으로 갈아입고 홀가분한 몸과 마음으로 공항을 나섰다.

　나를 초청한 곳은 일본 주재 외국 기관이었는데 공항에서 오는 길을 안내할 때 택시 운전사에게 영어로 "○○로 가주세요"라고 하면 될 것이라고 했다. 한데 택시 운전사는 영어를 잘 알아듣지 못했다. 난감했다. 택시 운전사가 영어를 모를 경우에 주소를 보여주라고 한 관계자의 말에 따라 출국 전 적어둔 한자 주소를 꺼내 보이자 운전사는 바로 알아차리고 차를 몰았다. 미군 부대 주둔지로 유명한 오키나와에서 영어 소통에 아무런 문제가 없을 것이라 확신한 내 예측은 빗나갔지만 미리 준비한 메모 한 장으로 문제는 쉽게 해결됐다.

공항을 벗어난 지 30분쯤 후 목적지에 도착했는데 내 예상을 무색케 하는 세 번째 상황이 벌어졌다. 신용카드를 내미는 내게 기사는 난색을 표하며 손사래를 쳤다. 나는 일본에서도 손쉽게 신용카드를 사용할 수 있을 것이라고 생각했고 엔화 없이도 아무런 불편함이 없을 것이라고 생각했다. 출국 전 행여 현지에서 현금이 없어 함께 있는 이들에게 민폐가 되는 일이 빚어질 것을 염려해 급히 은행에 들러 환전을 해오긴 했는데 안 그랬으면 정말 큰 낭패였겠다 싶었다. 글이든 돈이든 현지 통용을 예비한 것이 예상 밖의 여정을 순조롭게 했다.

공식 출장 일정을 마친 뒤 이삼일은 현지 관계자 인솔 여행을 계획하고 있었다. 이때 한국에서 합류한 지인 몇 분도 동행하게 돼 기대하는 마음으로 예정된 일정을 기다렸다. 한데 이 기간 동안에도 나와 지인들의 예상, 예측, 예견이 빗나기는 일이 이어졌다. 우리가 전망했던 일정이 번번이 변경되거나 취소되는 일이 생긴 것이다. 우리가 방문할 것으로 예정됐던 곳이나 우리가 만날 것으로 예고됐던 대상이 바뀌는 일이 자주 있었다. 중간에서 자초지종을 통역하는 나도, 내 설명을 전해 듣는 지인들도 당황스러운 순간을 연속해서 맞게 되었다.

솔직히 예상을 빗나가는 변화가 달가울 리 없었다. 그러나 예정된 일정을 변경하거나 수정하게 된 데에는 나름대로 사정이 있었을 것이라고 생각하니 바뀐 상황이 불쾌하거나 짜증스럽게 느껴지지 않았다. 여행 자체가 가변적 진행의 여정이라고 생각하니 갑작스러운 변화도 여행의 일부로 여겨졌고, 앞일을 예단할 수 없는 데서 오는 불안하고 언짢은 마음보다는 상황을 받아들이고 만족하는 마음을 갖게 되었다. 그러자 어쩌면 바뀐 일정이 예정된 원안 못지않게 좋은 일정이 될 수 있다는 생각도 하게 되었다.

여행도 인생도 미리 챙겨간 옷, 메모, 돈과 같은 준비물이 참 요긴하게 쓰일 때가 있다. 이처럼 내 예상이 딱 들어맞거나 쓸모 있을 때도 있지만, 그러한 예측이 소용없게 되는 때도 있다. 때로는 예기치 못한 일이 잇따라 발생하기도 하는데, 예상치 못한 상황에 대한 준비나 대처가 우리에게 힘겨운 도전이 되기도 한다. 이 과제를 잘 헤쳐가기 위해 필요한 것은 우리 마음속 어딘가 예비해 두어야 할 여벌의 마음, 긍정의 마음일지 모르겠다. 시작부터 끝까지 내 예상을 벗어난 오키나와 여행, 그래서 예상보다 더 좋은 여행이었다.

9. 파리 도난 사고의 교훈

지난여름에 국제학술대회 참가차 파리에 갔을 때의 일이었다. 오랜만에 다시 찾은 아름다운 도시, 파리에 머무는 동안, 나는 학회에 참석해 발표도 하고 보고팠던 사람들도 만나면서 내 평생 기억에 남을 만한 유익한 시간을 보낼 것이라는 꿈에 부풀어 있었다. 이렇듯 야무졌던 나의 꿈은 파리에 도착한 첫날 공중분해되고 말았다.

파리에 도착하자마자 학회 장소로 이동하여 당일 일정을 마칠 즈음 캐나다, 스위스, 스페인의 친한 동료들과 반가운 재회를 했다. 세 사람 모두 학회 장소와 가까운 곳에 머물고 있었다. 이들은 내가 학회로부터 먼 곳에 있는 숙소를 찾아가야 하고 다음 날 아침 일찍 또다시 학회로 나와야 하는 상황임을 눈치채고는 내가 묵게 될 호텔 근처로 같이 이동하여 밀린 얘기를 나누기로 했다.

나와 동료들은 내가 예약한 호텔의 약도를 펼쳐 들고서 생 드니

(St. Denis)로 향했다. 호텔은 시내 중심가와 다소 떨어진 파리 외곽의 변두리 동네에 있었는데, 막상 도착해 보니 호텔 안팎이 무척 훌륭했다. 호텔 바로 앞쪽으로는 프랑스의 저명한 역대 왕들이 묻혀 있는 고딕 양식의 유서 깊은 대성당이 있었다. 이렇게 괜찮은 곳을 와보지도 않고 예약하게 된 것이 행운이 아닐 수 없었다.

아름다운 성당 안을 잠시 둘러본 우리는 성당 근처에서 작은 음식점 한 군데를 발견했다. 여름 저녁 테라스에 테이블을 몇 대 차려놓은 아랍 식당에서 우리 넷은 맛있는 식사와 정다운 교제를 나눴다. 서양 친구들은 분명 각자 저녁값을 내려 할 테지만 나를 위해 이곳까지 와준 동료들의 따뜻한 배려에 나도 뭔가 작은 보답을 하고 싶었다. 기분 좋게 식사비용을 지불한 후 동료들과 식당을 나섰다.

식당에서 호텔까지는 채 5분도 되지 않는 거리였는데 우리 네 사람은 연신 웃음 띤 얘기로 앞서거니 뒤서거니 하며 걸어갔다. 행복한 파리의 여름밤이었다. 이렇게 달콤한 보상을 기대했기에 지난 시간 동안 힘들었던 날들을 무던히도 견뎌오지 않았던가. '그래 난 자격이 있어, 열심히 일한 당신, 즐겨라!'라고 나 자신에게 속삭였다. 그러고는 동료들에게 작별 인사를 나누려던 찰나였다.

갑자기 오른쪽 어깨에 큰 압력이 가해졌고 반사적으로 오른손으로 핸드백을 움켜쥔 채 몸을 움츠렸다. 1초도 안 될 만한 사이에 일어난 일이 마치 느린 동작 화면처럼 펼쳐졌고 나는 내게 무슨 일이 벌어지고 있는지를 똑똑히 지켜보았다. 빼앗으려는 자와 빼앗기지 않으려는 자의 사투는 빼앗으려는 자의 승리로 끝났다. 사력을 다해 뒤쫓아 봤지만 나는 '닭 쫓다 지붕 쳐다보는 개'가 되고 말았다.

한순간에 속수무책으로 귀중품을 모조리 도난당한 어처구니없는 신세를 한탄할 겨를이 없었다. 더 끔찍한 악몽이 곧이어 벌어지고 있었기 때문이다. 내 뒤에서 나와 악당의 실랑이를 목격하고 아연실색해 있었던 스페인 동료에게도 연달아 같은 일이 벌어진 것이다. 나로 인해 내 동료까지 어이없는 봉변을 당하게 된 것을 보자 나는 말로 표현할 수 없는 괴로움, 좌절감, 분노를 느끼며 몸서리쳤다.

도난당한 동료를 포함해 일행 모두 걱정스러운 대책을 강구했다. 우선 신용카드 도난신고를 한 후 가까운 경찰서로 발걸음을 옮겼다. 경찰서에 가면 뭔가 대책이 있을 줄 알았다. 그러나 대기 시간이 하염없이 길어지면서 기대감은 수그러들 수밖에 없었다. 이윽고 우리의 차례가 되었다. 두 도난 사건의 조서를 따로 작성해야 하며 각각 증인이 필요하다는 말에 나와 스위스 동료가 먼저 조서를 작성하기로 했다.

조사실로 들어가자마자 왜 우리가 그리도 오랫동안 밖에서 기다려야 했는지를 알 수 있었다. 담당 경찰이 실무실습 중인 듯 보이는 후임에게 사건 사고 접수의 실무를 일일이 가르치고 있었다. 우리 케이스가 현장 실습 교육의 실시례로 활용되고 있음을 알 수 있었다. 우리는 모든 질문에 대해 동일한 답변을 두 사람에게 거듭해서 말해야 했다. 그리고 실습생의 계속되는 타이핑 오타를 지켜봐야 했다.

 자정 무렵 경찰서에 도착했던 것 같은데, 조서를 작성하고 나온 시각이 어느새 새벽 3시였다. 대기실에 있던 스페인 동료와 캐나다 동료의 얼굴은 불과 몇 시간 사이에 몇 년은 더 늙은 듯했다. 피곤이 한가득 몰려온 몰골의 초췌해진 두 동료를 쪽 창문 하나 없는 밀폐된 조사실로 들여보내야 하는 나의 마음은 너무나도 쓰라리고 아팠다.

 다음 날 아침 9시에 이들의 공동연구 발표가 있고, 캐나다 동료는 발표 직후 파리를 떠나야 하는 상황이었다. 미안해 어쩔 줄 모르고 있는 나를 모두 위로해 주었다. 다음 날 바로 귀국할 계획인 한 동료는 미리 석별의 인사를 건네면서 자신은 친구로서 당연히 할 일을 한 것뿐이라고 하면서 자신이 갖고 있는 유로화를 꺼내 도난당한 두 친구에게 절반씩 나눠주고 조사실을 향해 멀어져 갔다.

 지금도 문득 파리에서 잃어버린 것들이 애석할 때가 많다. 한 달이 넘는 기간 동안 유럽에 머물면서 곳곳에서 아름다운 풍광과 추억을 담은 디지털카메라와 사진 300여 장, 중요한 문서가 저장돼 있는 USB, 동료들과의 연구회의 노트, 동생이 사준 빨간색 가죽 지갑과 그 안의 현금과 신용카드, 10년 넘게 써온 손거울과 립스틱, 그리고 내가 아끼던 꽃수로 장식된 예쁜 손가방까지.

 내게는 이 모든 것이 소중했지만 역설적으로 소중한 것들을 잃었기에 더 값진 것을 얻을 수 있었다. 여정 중의 준비와 차림에 대해 유익한 교훈을 얻었다. 힘든 일을 함께 겪은 동료들과 더 깊고 두터운 우정을 쌓았다. 봉변을 당했을 때 다른 이를 탓하기보다 침착하고 성숙하게 대처하는 경륜과 지혜를 한 수 배웠다. 한 가지 경험이 더 있다. 지금껏 살면서 한국에서도 단 한 번 가보지 못한 경찰서를 파리에서 가봤으니…….

10. 자연이 품은 공간적 기능

　지난 주말 가깝게 지내는 대학 동문들과 근교로 산책을 나가기로 했다. 행선지로 물망에 오른 곳은 부산의 범어사와 기장의 장안사였다. 범어사가 있는 금정산은 최근 2~3년간 해마다 다녀온 터라 두 곳 중 선호하는 곳을 묻는 질문에 나는 지체함 없이 장안사로 답했다. 한데 약속 시간이 임박해 행선지가 금정산으로 바뀌었다는 전갈을 받았다. 한 번도 가보지 못한 장안사에 대한 기대가 컸기에 갑작스러운 변경이 달갑지 않았지만 내색하지 않고 일행의 결정에 순순히 따랐다.
　일 년 만에 다시 찾은 금정산은 오색찬란한 단풍으로 나그네를 맞았다. 물오른 초록 잎으로 무성한 여름 나무와 달리, 가을 나무는 짙은 갈색 기둥과 가지, 알록달록 마른 잎이 대조를 이룬 화려하고도 쓸쓸한 모습이었다. 금정산 자락의 아름다운 가을과 만나자, 금정산행에 실망했던 마음이 무안하고 미안했다. 과거 금정산 나들이는 등산이 목적이었기에 행진하기 바빴고 놓친 것도 많았음을 알게되었다. 다시 찾은 금정산은 지루하지 않았고 친숙하면서도 새롭게 다가왔다.

이번 여정의 목적은 범어사 일대의 산책이었다. 절 주변을 천천히 걷는 동안 천년 세월의 더께가 느껴지는 자연과 인공의 조합을 오감으로 체감할 수 있었다. 걷는 속도나 거리에 대한 욕심과 욕망을 내려놓자 더 많은 것이 잘 보이고 들렸다. 사찰의 실외 공간인 마당, 계단, 기와, 단청, 석탑, 종루를 비롯해 법당, 암자, 불상, 사찰을 둘러싼 배경이 눈으로 귀로 온몸으로 느껴졌다. 옛것과 새것이 공존하고 있는 공간에서 과거와 현재를 넘나드는 시간여행을 하는 느낌도 들었다.

짧은 여행에서 일상으로 돌아온 지금, 자연 속 산책을 통해 얻은 깨달음이 바람결에 은은히 울려 퍼지는 풍경 소리처럼 마음에 잔잔한 파문을 일으킨다. 그것은 자연의 크고 넓고 깊은 품이 허락한 공간에 대한 울림이었다. 흙, 돌, 물, 나무, 산이 서로 자연스럽게 어우러져 있는 자연과, 그 자연을 닮은 모습으로 인위적·기계적 조형미를 억제한 건축물은 마치 미학적 가치가 뛰어난 예술 작품을 벌여놓은 야외 선시상이나 전위적 미술관을 연상케 할 만큼 아름다움으로 가득한 심미적 공간이었다.

또한 그 공간은 도시의 소음과 매연, 복잡한 일상에서 벗어나 편안한 안식을 누리게 하는 쉼터와도 같은 안온한 휴게소였다. 치열한 경쟁 구도 속에서 성과와 속도를 내는 일에 몰두한 나머지 멈출 줄도 모르고 주위를 돌아볼 여유도 없이 앞만 보고 달리느라 지칠 대로 지친 몸과 마음에 치유와 회복의 에너지를 보급하는 충전소의 기능도 훌륭하게 수행하고 있었다. 즉, 자연 속 공간은 잃어버린 마음과 빼앗긴 정신에 다시 집중하게 하는 수련소의 역할을 담당하는 심리적 공간이자 철학적 공간이었다.

이뿐만 아니라 자연 속 공간은 학습과 성찰이 이루어지는 배움의 공간이기도 했다. 서로 자연스럽게 어우러져 있는 자연과 건축물의 조화로운 공존을 보면서 우리들의 삶은 과연 이 대자연에 걸맞은 일부를 이루고 있는지, 아니면 아름다운 자연 한쪽에 흉물스럽게 뻗쳐있는 전신주와 같은 모습으로 자리하고 있는지를 돌아보게 한다. 그리고 여기저기 떨어져 있는 예쁜 꽃잎 같은 낙엽을 보면서 퇴장마저 아름다운 자연으로부터 가르침을 얻는다. 다시 찾은 금정산의 자연 속 산책은 다기능 공간 체험의 신비를 선사했다.

III.
몸과 마음을
통합해 이해하기

● 건강한 육체에 건전한 정신까지 깃들면 바람직할 것이다.
- 유베날리스

마음을 겨루는 일에도 우리 몸은 쉬지 않고 일한다. 주위의 형편을 눈여겨 바라보는 눈, 주변의 사정을 귀담아듣는 귀, 이해와 화해의 마음을 전하는 입, 도움이 필요한 곳을 찾는 손과 발의 도움이 있었다. 나는 내 몸을 어떻게 사용하고 있는가? 나는 내 몸에게 어떤 주인인가 자문하며 살 일이다.

1. 눈

감각이 없다면 우리는 세상을 어떻게 이해하고 분별하며 대처할 수 있을까? 생각만 해도 막연하고 막막하다. 인간은 감각기관을 통해 외부의 자극을 받아들이고 신경자극의 형태로 전환하여 중추신경계에 전달하며 지각한다. 대표적인 감각으로는 눈을 통해 빛을 보는 시각, 귀를 통해 소리를 듣는 청각, 코를 통해 냄새를 맡는 후각, 혀를 통해 맛을 분별하는 미각, 피부를 통해 감촉을 느끼는 촉각이 있다. 이 오감 가운데 우리가 가장 의존하는 것은 시각이다.

눈의 해부학적 구조를 보면 눈 안쪽의 망막은 신경계가 직접적으로 연속된 구조를 이루고 있다. 다른 감각기관은 피부의 일부가 변형·발달되어 뇌와 연결돼 만들어지지만, 눈은 특이하게도 뇌의 일부가 피부로 뻗어 나온 것이다. 눈은 가장 눈에 띄는 감각기관이기도 하다. 사람을 식별할 때 가장 결정적인 단서로 사용되는 것이 눈이고, 갓난아기들을 대상으로 한 실험에서도 사람의 얼굴 가운데 아기들의 시선이 가장 먼저, 그리고 가장 오래 머무는 곳도 바로 눈이다.

시각은 다른 감각경험을 말로 표현할 수 있다는 점에서도 특별하다. 눈으로 본 귀나 코, 입의 형태나 기능은 말로 설명할 수 있지만 청각, 후각, 미각 경험을 바탕으로 눈의 구조나 시각의 역할을 설명하기는 어렵다. 시각은 사고에도 중요하다. 우리는 눈으로 물체를 인식하는 동시에 생각하고 판단한다. 인간의 사유 방식은 눈이라는 감각기관에 크게 좌우된다. 눈을 통해 본 것, 보인 것이 사고와 경험으로 이어지는 것은 눈과 관련된 말의 확장적 활용을 통해서도 유추할 수 있다.

'본다'는 것은 눈으로 대상의 존재나 형태적 특징을 안다는 뜻 외에도 만남(예: 맞선을 보다), 보살핌(예: 아이를 봐 줄 사람을 찾다), 헤아림(예: 너를 보아 참는다), 맡음(예: 사무를 보다), 맺음(예: 끝장을 보다). 들춰냄(예: 남의 흉을 보다), 평가(예: 그 말은 실수로 보아 줄 수 없다) 등을 뜻하는 동사뿐 아니라 시연(예: 먹어 보다), 경험(당해 보지 않은 사람은 모른다) 등을 뜻하는 보조동사나 추측(예: 집에 왔나 보다), 이유(예: 야단맞을까 봐 그랬다) 등을 뜻하는 보조형용사로 쓰인다.

옛 속담에 '눈이 보배다', '몸이 천 냥이면 눈이 구백 냥'이라는 말이 있다. 그만큼 눈이 중요하다는 의미다. 눈의 외형이나 유행에 대한 열렬한 관심으로 말하자면 많은 한국인이 이 속담에 충실한 삶을 살고 있다. 급속한 현대화의 시기에 급조와 개조의 효과를 톡톡히 '본' 때문인지 눈 성형을 하거나 눈 화장에 신경을 쓰는 등 외모에 천착하는 경우가 흔하다. 또한 TV에 어떤 식품이나 약품이 눈에 좋다고 하면 불티나게 팔리기도 하고 집집마다 유명한 눈 영양제가 하나씩은 상비돼 있을 법하다.

눈을 아름답게 꾸미고 눈의 기능을 보강하는 영양을 챙기는 것이 나쁘다는 것은 아니다. 그러나 우리가 눈의 외관과 기능에 관심을 기울이는 만큼 눈을 통한 정신적 확장과 성장에도 균형된 노력을 기울이고 있는지 자문해 본다. 눈으로 보고 보이는 일차적·물리적 시선, 시야, 시력의 관리와 아울러 심리적·철학적 통찰과 통합의 안광, 안중, 안목으로 발전시키는 길을 궁리하고 실천하는 것이 필요할 것이다. 본 것과 보인 것에 대한 진지한 성찰과 건설적 적용으로 심안을 기르는 일에도 눈길을 돌려볼 일이다.

2. 식욕

　식욕(食慾)은 배고픔을 느껴 음식을 먹고 싶어 하는 욕구를 말한다. 식욕은 흔히 입맛이나 밥맛으로 표현되기도 한다. 식욕은 모든 고등 생물에게 존재하며, 생명을 유지하기 위한 물질대사의 요구를 충족시키기 위해 적절한 에너지를 섭취하게 하는 기능을 한다. 인본주의 심리학자 매슬로(Maslow)는 인간의 다양한 욕구를 위계적으로 분석하면서 식욕을 여러 욕구 가운데 가장 기저에 자리 잡은 원초적인 욕구이자 생존을 위해 필수적인 본능적·생물학적 욕구로 설명하고 있다.

　식욕 중추는 시상, 변연계, 두정엽, 편도핵, 중격, 취구 등을 포함하며 광범위한 두뇌 부위가 식욕을 관장한다. 특히 시상하부는 뇌하수체를 거쳐 신경계를 연결하고 신경호르몬을 합성·분비하며 뇌하수체 호르몬의 분비를 촉진하거나 억제한다. 시상하부는 중추신

경계와 긴밀히 연결되어 있으면서 다양한 신호 자극에 반응하게 하여 호르몬의 생체 주기와 생체 반응을 관할하는데 식욕, 수면, 체온 등이 바로 이 시상하부에 의해 조절된다.

식욕은 이처럼 식욕을 관장하는 뇌 부위는 물론이고 소화계, 지방 조직 등 식욕과 관련된 신체 영역 간의 복잡한 상호작용에 의해 규제된다. 음식을 먹고자 하는 의욕과 음식을 찾아서 먹는 행동은 단순한 육체적 욕구 또는 섭취, 소화, 흡수, 배설로 이어지는 일련의 생득적·생리적 과정일 뿐 아니라 복잡한 사회적·문화적·역사적 배경에 의해 민감하게 영향을 받는 산물이기도 하다. 특히 인간의 경우에는 정서, 심리, 규범, 풍습 등 후천적·환경적 요인이 식욕과 섭식에 지대한 영향을 미친다.

AI(인공지능) 기반의 챗봇 서비스인 ChatGPT를 통해 식욕과 관련된 연관 검색어를 조회해 보면 식욕 억제, 식욕 증진, 다이어트 식욕 조절, 식욕 부진의 원인, 식욕 호르몬, 폭식, 공복감, 식욕 억제제, 배고픔과 식욕의 차이, 식욕 중추, 식욕 촉진 음식, 스트레스와 식욕, 식욕 감퇴, 야식과 식욕, 식욕 조절법 등이 뜬다. 이들 다양한 검색어를 통해 식욕의 메커니즘, 곧 식욕의 기전이나 식욕의 과잉과 부족, 식욕의 충족과 관리가 식욕과 관련된 주된 사회적 관심사이자 핵심적 주제어인 것을 알 수 있다.

내가 식욕에 대해 깊이 생각하게 되고 식욕에 대한 글을 쓰게 된 계기가 있었다. 지난 늦봄에 감기몸살을 호되게 앓기 시작했는데 여름이 다 가도록 잘 낫질 않았다. 동반된 증상 가운데 하나가 식욕부진이었다. 잘 먹질 못해 체중이 많이 줄었고 체력도 크게 달렸으며 회복도 한참 더뎠다. 식욕 저하는 생소한 경험이었다. 어려서부터 먹는 것을 좋아하고 음식을 가리지 않고 잘 먹고 잘 소화해 왔기에 식욕이 왕성한 것이 걱정이고 문제였다. 식욕이 없는 것이 무엇인지 알 수 없었고 그 폐해를 염려할 일도 없었다.

  식욕을 잃은 상태에서 영양 섭취를 위해 먹는 일은 고역이었지만 식욕에 대해 성찰하는 계기가 되었다. 당연시해 온 일상의 욕구가 건강 유지에 얼마나 중요한 것인지를 새삼 깨달았다. 잘 먹는 체질을 타고난 것에 감사 아닌 불만을 가졌던 것을 반성하게 되었으며, 소중한 것을 잃고 난 후에야 그 가치를 발견하는 어리석음을 경계하게 되었다. 식욕을 되찾자 쉽게 과식하는 습성을 보면서 주어진 욕구를 부족하지도 넘치지도 않게 적절히 충족하도록 통제력을 길러야 할 필요성도 통감하게 되었다. 식욕, 생명이 누리는 축복이자 평생의 과제다.

3. 엄지

 벌써 몇 달째 엄지손톱이 검붉은 멍으로 뒤덮여 있다. 몸도 맘도 분주했던 2학기 첫날, 뜻하지 않은 부상을 입었다. 지인 두 명과 모처럼의 점심 약속이 있었다. 학과 개강 행사를 마치고 바쁜 걸음으로 일행이 대기 중인 후문으로 달려갔다. 두 명이 타고 있는 차가 보였다. 한 명은 운전석에, 다른 한 명은 그 옆에 앉아 있었고 뒷문은 열려 있었다. 열린 뒷문은 나를 향한 환영으로 느껴졌다. 문 여는 데 걸릴 단 몇 초라도 단축할 수 있게 돼 좋았다.
 헐레벌떡 차에 탔다. 한데 곧바로 원인 모를 엄청난 통증이 몰려왔다. 무슨 일이 벌어졌는지 알아차리는 데 시간이 걸렸다. 운전석의 시인은 휴대폰으로 통화 중이었다. 점점 심해지는 통증을 느끼면서 그 진원지가 차 유리문에 끼인 오른손 엄지라는 것을 알게 됐다. 손을 빼보려 했지만 빼도 박도 못한 채 시간이 흘렀다. 비명을 질렀으나 지인들은 듣지 못했다. 유리가 손을 계속 거세게 밀어 올리는 모습을 보고만 있었다. 피부가 파랗게 되더니 곧이어 검붉게 변했고 이내 살이 터지고 피가 흘렀다.

 엄지손가락을 다치고 보니 일상의 많은 부분이 불편했다. 연한 살이 뭉개지고 으스러져서 쓰리고 아팠다. 식사 때 숟가락, 젓가락을 드는 일도 힘들었고, 옷을 입을 때 단추를 잠그는 일이나 지퍼를 올리는 일도 한참 낑낑대야 했다. 수업 시간에 칠판 글씨를 쓰는 일도 쉽지 않았으며, 컴퓨터 문서 작업과 휴대폰 문자 입력 속도도 전과 같지 않았다. 이런 난관에 비하면 엄지손톱을 뒤덮은 보기 흉한 검붉은 피멍은 경미한 피해였다.

 엄지손가락을 다친 후에야 그동안 엄지가 해온 일에 대해 깨닫게 되었다. 지금껏 살면서 한 번도 그 기능과 역할에 대해 골똘히 생각해 보지 않았는데, 엄지에 대한 발견을 하게 된 셈이다. 엄지 없이는 나머지 네 손가락이 힘을 받지 못한다. 그리고 엄지는 다른 손가락과 가장 협응을 잘한다. 다른 손가락 네 개는 서로 닿아도 뻣뻣하게 맞닿을 뿐이나 이들이 엄지와 만날 때는 달라진다. 둥글게 구부러져 유연해지고 일하기 쉬운 모습이 된다.

 손을 다친 지 석 달이 되어간다. 이제 통증도 없고 손가락 쓰는 일에 별다른 지장도 없다. 다만 멍 자국이 아직 선명하게 남아 있어 여전히 보는 이들의 염려와 우려를 자아내고 있다. 한 친구는 보기 흉한 자국을 매니큐어로 감춰보라고 충고한다. 한 번도 해본 적 없지만 당분간 해볼까 하는 생각도 했다. 그러나 하지 않기로 했다. 멍 자국을 볼 때마다 그동안 잊고 산 엄지에 대해 생각할 시간을 가질 수 있을 터, 일부러 그 흔적을 감추고 싶지 않았다.

손 쓸 일이 많은 내게 오른손 부상은 생각만 해도 근심거리였지만 그로 인해 얻은 것이 더 많았다. 내 몸이 하는 일에 대해 알게 된 것은 물론 그것을 당연히 여기지 않게 되었다. 다친 손가락은 나를 주변과 이어주는 매개체가 되었다. 많은 이들이 내 손의 안부를 묻곤 한다. 자타로부터 살뜰한 보살핌을 받게 한 엄지의 희생 덕에 내 안과 밖에서 부분이 담당하고 있는 기여와 수고에 대해 성찰하게 됐다. 오늘도 내 엄지손톱 멍 자국이 보기 싫지 않은 이유다.

4. 무릎

연초에 무릎 부상을 입었다. 비가 많이 내린 날 빗물로 미끄러운 버스 바닥에 크게 미끄러졌다. 손쓸 틈도 없이 순식간에 벌어진 일이라 넘어지면서 방어적 자세를 취할 겨를이 없었고 양쪽 다리가 심하게 꺾인 채 풀썩 주저앉았다. 곧이어 감지된 강렬한 통증은 낙상으로 인해 가장 심한 손상을 입은 부위가 왼쪽 무릎이라는 것을 알리는 반갑지 않은 신호였다.

뼈는 이상이 없는 듯해 병원에 가지 않고 다친 부위에 연고를 바르고 보호대를 했다. 회복을 위해 업무량을 줄이고 외출과 몸 쓰는 일을 최소화했다. 회복에 필요한 영양을 생각해 단백질, 칼슘, 무기질을 고려한 식단을 챙겼다. 수면의 질을 높이기 위해 야간작업을 삼가고 일찍 잠자리에 들었다. 무릎 근육의 약화와 퇴화를 막기 위해 며칠에 한 번은 다소 긴 거리를 오래 천천히 걸었다.

기대만큼 회복이 빠르진 않았다. 무릎을 다치니 균형을 잡기 어려웠다. 몸을 지탱하는 축이 불안해 힘을 쓸 수 없었다. 다리를 쓰는 동작은 큰 동작이든 작은 동작이든 불편했다. 다리를 펴는 것도, 구부리는 것도 힘들었다. 옷을 입고 벗을 때 발을 조금 들어 올리는 것조차 고통스러웠다. 걸음은 로봇처럼 부자연스러웠다. 경사로나 계단을 오르내릴 땐 추진력을 발휘할 수 없어 한 걸음씩 아기 걸음을 내디뎠다.

왼쪽 다리 대신 오른쪽 다리에 힘이 실리자 멀쩡했던 오른쪽 다리에 피로가 몰려왔다. 시련은 육체적인 것에 국한되지 않았다. 단순한 동작도 쉽게 제어할 수 없게 되니 심리적으로 위축되고 자신감이 떨어졌으며 무력감과 좌절감도 겪었다. 어색한 걸음에 쏠리는 시선도 신경이 쓰였으며 평소라면 하찮게 여겼을 발 앞의 작은 돌부리도 험준한 산처럼 느껴졌다. 이대로 낫지 않으면 어쩌나 하는 걱정, 근심, 불안도 밀려왔다.

시련이 준 유익도 있었다. 전처럼 속도를 내 활보할 수 없게 되자 멈추어 생각하게 되었다. 그동안 무거운 몸을 지탱하고 수많은 동작을 해왔을 무릎의 수고를 돌아보게 되었다. 몸의 부분을 연결하는 접합 부위의 소통과 윤활의 중요성도 실감하게 되었으며 육체와 정신의 **밀접한** 상관에 대해서도 절감하게 되었다. 또한 매일 크고 작은 걸림돌을 직면하고 살아가는 노인, 장애인, 환자들의 애로와 난관도 체감할 수 있었다.

무엇이 무릎의 회복을 도왔을까? 음식, 연고, 붕대와 같은 물질도 도움이 되었고 인체생리, 식품영양, 응급처치에 관한 지식도 도움이 되었다. 이웃의 원조도 도움이 되었다. 왼쪽 무릎의 이웃인 오른쪽 무릎의 조력도 큰 몫을 했다. 염려와 위로의 마음을 전하는 문자로, 회복에 유용한 정보를 알리는 통화로, 꾸러미 가득 양식을 옮기는 손길로 역경 극복을 성원한 온정도 순망치한(脣亡齒寒)이 아닌 순망치원(脣亡齒援)으로 회복을 도왔다.

5. 껍질

껍질. 그 느낌은 거칠고 딱딱하며 이름조차 예쁘게 들리지 않고 밉게 들린다. 그런 껍질이 달리 보이기 시작했다. 작년 여름 손가락을 다친 후 불편함이 해소되는 순서를 지켜보게 되었다. 가장 먼저 찾아온 회복은 피부 손상과 통증의 완화였다. 한두 달이 지나고 나니 통증이 줄어들고 새살이 돋았으며 큰 불편함 없이 다시 손을 쓸 수 있었다. 그러나 시커먼 멍이 손톱에 번져갔다. 서너 달이 되도록 멍 자국은 쉽게 사라지지 않고 점점 더 짙어지며 넓게 퍼져갔다.

생각보다 더디 없어지긴 했어도 멍은 내가 예상했던 징후였다. 그런데 멍 자국이 옅어질 무렵 생각지 않은 복병이 나타났다. 손톱이 흐물흐물해지고 표피가 떨어져 나가기 시작했다. 멍든 부위를 중심으로 손톱 각질이 박탈되자 아주 작은 자극에도 손톱 밑의 여린 속살이 쓰리고 아파왔다. 손톱이 여기저기 갈라지다 보니 작은 실오라

기라도 손톱 끝에 달려오게 될라치면 몸서리쳐지는 통증이 촉발되었다. 새 손톱이 날 만하면 금세 우글쭈글해지고 부서지고 찢어지는 일이 여러 달 동안 계속됐다.

부상 후 7개월이 지난 지금은 더 이상 손톱 파열이 없고 손톱 끝에 약간 울퉁불퉁한 흔적만이 남아 있다. 그동안 가장 더딘 회복세를 보인 손톱을 보면서 가장 먼저 충격과 손상을 입는 부위도 껍질이고, 가장 늦게 회복되는 부위도 껍질이라는 것을 알게 되었다. 그리고 껍질이 감내하는 수고와 인내에 대해 생각해 보게 되었다. 외부의 자극과 공격에 직면하는 최전방 수비선이 바로 껍질이고, 그 방어선이 무너졌을 때는 내부의 정상화 이후로도 원상복구에 긴 시간을 요하는 것이 껍질인 것이다.

이렇듯 껍질의 기능과 역할에 대해 관심을 기울이게 되자 그동안 예사로 보고 넘겨왔던 채소나 과일의 얇은 껍질도 필수적 보호막의 구실을 하고 있는 것이 하나둘씩 눈에 들어오기 시작했다. 손톱 손상으로 애를 먹은 지난 가을과 겨울, 한날한시에 사 놓은 사과, 배, 감, 귤이라도 껍질이 손상된 것은 쉬 시들고 속살이 빨리 상하기 시작하는 것을 눈여겨보면서 껍질의 가치를 다시 한번 깨닫게 되었다. 그리고 껍질이 튼튼해야 속도 튼튼할 수 있다는 생체 원리를 삶의 원리로 되새기게 되었다.

몸의 껍질처럼 마음의 껍질도 그렇지 않나 생각해 본다. 우리 마음의 껍질은 인격의 틀과 테를 이루고 예의범절이나 격식으로 표현

될 것이다. 이 마음의 표피는 외부 세계와 맞닥뜨리게 되는 첫 관문이고, 만일 그 벽이 허물어졌을 경우에는 회복에 오랜 시간이 필요할지 모른다. 그런 면에서 내 몸과 맘의 껍질을 건강하게 관리하고, 내 몸과 맘의 껍질이 소중하듯 다른 이의 몸과 맘의 껍질도 소중히 다뤄야 할 책임이 우리에게 있음을 인식하고 살아야 하지 않을까? 껍질이 보여주고 들려준 이야기였다.

6. 근력

 가을에 이어 구덕산을 찾았다. 봄물 오른 산야는 빛깔로 다가왔다. 연둣빛 새싹과 연분홍, 진분홍빛 꽃잎이 눈에 들어왔다. 산을 따라 걷다 보니 가을 산과는 다른 풀 내음, 봄 향기가 코끝을 스쳤다. 봄은 소리로도 들려왔다. 구덕산의 나이테 같은 계곡의 물소리는 귀에 부지런히 봄을 실어 날랐다. 오감으로 만난 봄산에서 겨울이 지난 것이 실감 났다. 인고의 세월을 끈기 있게 견뎌낸 후 마침내 생기 있고 활력 있는 모습으로 변신한 자연은 경이롭고 아름다웠다.

 혼자 맛보기 아까운 봄나들이에 마침 길동무가 있었다. 나는 홀가분한 차림이었지만 다른 분들은 모두 짐을 든 차림이었다. 우리 가운데 가장 연장자가 제일 무거운 짐을 들고 나타났다. 실랑이 끝에 이분의 짐을 빼앗다시피 낚아채 산행을 시작했다. 나는 빈손이었고 무릎도 멀쩡했으며 나이도 한참 어렸다. 내 고집이 항상 좋은 결과로 이어지는 것은 아니지만 적어도 이날만큼은 떼쓰기를 잘했다는 생각이 든다. 고집부려 들었던 짐과 함께 푸짐한 덤을 듬뿍 받아왔다.

산을 오르내리는 두어 시간 동안 양손을 번갈아 가며 짐을 들었다. 그런데 왼손으로 짐을 옮기면 오래가지 않아 다시 오른손으로 짐을 옮겨야 했다. 오른손잡이니까 당연한 일이라고 치부할 수도 있었지만, 양손이 감내할 수 있는 무게, 시간, 피로도의 차이가 현격히 큰 것을 보면서 그 이유에 대해 골똘히 생각해 보게 되었다. 그동안 오른손 근육에 집중되어 온 부담, 수고, 고통이 결국 오른손의 힘이 되었고, 그 힘은 왼손이 따라잡을 수 없는 근력과 근성이 된 것이다.

생각해 보니 양치질, 수저질을 비롯해 아침부터 저녁까지 크고 작은 물건을 잡고 쥐고 쓰고 들고 나르는 일을 오른손으로 한다. 나의 경우 수업 시간에 판서하는 일까지 때로는 힘들고 버거운 훈련을 축적해온 것이 오른손을 강인하고 강력하게 단련시켜 온 내력이 되었고, 왼손이 꺼리는 일도 수월하게 감당케 하는 내공이 된 셈이다. 근력을 기르는 것은 능력을 기르는 것이고, 그 능력은 가능성, 자신감, 영향력, 회복력으로 확장되는 효력을 발휘한다. 짐을 짊으로써 얻게 되는 덤이다.

몸의 근력 못지않게 마음의 근력을 기르는 일도 중요하다. 한국이 OECD 회원국 중 14년 연속 자살률 1위라는 사실은 우리가 마음의 힘을 기르는 일을 소홀히 해왔음을 경고하는 지표다. 근력이 있어야 무거운 짐을 거뜬히 들어내듯, 마음의 힘을 길러야 인생의 짐을 꿋꿋이 버텨낸다. 봄을 기대하기 어려운 겨울에도 절망치 않고 인내하며 끝내 새 생명을 싹틔우는 자연처럼 고난과 역경을 극복하고 성장을 향해 나아가야 하는 인생의 과업은 방학도 휴학도 없는 평생의 학업이다.

7. 수비

    운동 경기의 기본 구도와 작동 원리는 공격과 수비다. 승패의 관건은 바로 잘 치고 잘 막는 데 있다. 그중에도 공격은 승점을 올려 경기에서 이기게 하는 가시적이고 직접적인 기여로 인해 수비보다 주목받고 중시되곤 한다. 어려서부터 운동을 좋아하고 잘했던 나는 여러 종목의 운동선수로 출전한 바 있는데, 경기에 나갈 때면 늘 공격수로서 뛰었다. 선수로 뛰지 않고 관중석에서 경기를 지켜볼 때도 수비보다 공격에 치중해 경기를 관전했었다.
    공격의 가치와 공헌에 매료되고 매몰되어 온 나에게 솔직히 수비의 가치는 크게 눈에 들어오지 않았다. 상대의 공격을 잘 막아내는 일을 수비의 당연한 의무로 시부해 왔다. 수비는 우리 편의 공격이 성공할 수 있도록 뒷받침하는 보조적·보완적·지원적 임무를 마땅히 해야 하는 것으로 생각했다. 승리의 일차적인 공로는 앞장서서 주도적으로 점수를 따내는 공격에 있으며, 수비는 이차적이고 부차적이며 간접적인 조력을 담당하는 것으로 그 의미를 간과해 왔다.

그러던 내가 달라졌다. 일방적인 공격 예찬으로 요지부동이던 나의 시각이 크게 바뀌었다. 그 변화는 짧은 시간에 순식간에 일어난 놀라운 전환이었다. 그동안 평가 절하해 왔던 수비의 역할과 기능을 재발견하고 새삼스레 그 가치와 의미를 재평가하게 된 것이다. 이와 같은 일대 전환을 가져오게 한 사건이 몇 해 전에 있었다. 그것은 가공할 만한 공격력과 파괴력으로 많은 이들을 공포와 불안의 도가니로 몰아넣은 신종 코로나바이러스의 확산이었다.

코로나19로 명명된 신종 바이러스의 위협이 전 세계를 뒤흔들었다. 코로나 발생 초기에는 중국 우한에서 바이러스 출현 소식이 들려오고 이어 국내에도 바이러스 양성 반응을 보이는 확진자의 수가 하나둘 늘어날 때만 해도 머지않아 사태가 진정되고 해결될 것이라고 막연하게 기대했었다. 그러나 불과 얼마 지나지 않아 감염자의 수가 기하급수적으로 늘어나고 지역사회 내 집단 감염의 위험이 높아지면서 바이러스 전파로 인한 피해가 '강 건너 불'이 아닌 '발등의 불'이 되어 사회적 위기를 고조시켰다.

이 팬데믹 사태는 개인과 집단에게 수비가 얼마나 중요한가를 일깨웠다. 모든 생명체는 탄생의 순간으로부터 죽음의 순간에 이르기까지 유기체 내외의 다양한 위험과 공격에 노출된다. 최전선에서 위험과 공격에 맞서 싸우는 방어력과 저항력을 강화하는 것이 위기를 헤쳐 나가는 길이다. 코로나가 한창일 때 아흔이 넘은 노모가 병마와 싸우고 있는 아들에게 남긴 쪽지가 공개된 바 있다. "버텨라, 강해져라, 이겨내라." 어머니의 이 간절한 염원은 강인한 수비로 무장해 역경을 극복하라는 우리를 향한 메시지기도 했다.

 경기도 인생도 수비가 기초다. 수비가 있어야 공격도 있다. 수비를 잘해야 이길 수 있다. 코로나바이러스보다 무서운 것은 수비를 교란해 전력을 약화시키는 불안감, 불신감, 적대감과 같은 내부적·심리적 공격과 인지적·정서적 전염이다. 다행히도 우리에겐 신속한 대처를 위해 불철주야 애쓰는 행정부와 의료진, 응급구호를 위해 전국에서 달려오는 구급대와 소방관, 어려운 이웃에게 응원의 문자와 물자를 보내주는 이들 같은 든든한 수비수가 있었다. 수비의 진가는 감춰진 보화처럼 위기 속에 빛난다.

8. 겨루기

　인생은 겨루기다. 누가 더 공부를 잘하나, 누가 더 말을 잘하나, 누가 더 노래를 잘하나, 누가 더 운동을 잘하나, 누가 더 일을 잘하나 다투는 데 좋든 싫든 참가한다. 개인차가 있으나 인간이 겨루기를 좋아하고 그 결과에 관심이 많은 것은 본성적으로 이기고 싶은 승부욕이 있고 우월감을 추구하는 경향이 있으며 승자에게 돌아올 보상에 대한 욕망이 있음을 의미한다.

　재작년 가을 대학 동문회 축제에 참석한 적이 있었는데 즉석에서 팔씨름 경기에 나가게 됐다. 어려서부터 운동을 좋아하고 지는 것을 싫어해 도전을 즐기는 성격이지만 내 과거를 알 리 없는 교우들에게 나는 여리고 유약한 여교우로 각인돼 있었다. 내가 청팀 선수로 선발된 이유는 남학생 비율이 압도적으로 높은 군대 같은 대학을 나온 까닭에 차출할 후보 자체가 드물기 때문이었다.

백팀 선수는 한 학번 아래 여자 후배였다. 위풍당당한 남성적 기골에 농사지은 경력을 자랑하는 남다른 팔뚝 힘의 소유자였다. 이 후배의 맞수로 내가 등판하자 장내는 걱정 반 웃음 반으로 술렁였다. 우리 편에서는 패배를 예상한 낙망과 연민 어린 동정이, 저쪽 편에서는 하나 마나, 보나 마나라는 조소 띤 야유가 흘러나왔다. 나는 어릴 적 운동 실력에 기초해 내심 관중을 놀라게 할 반전을 자신했다.

상대는 괴력의 장사였다. 경기 시작과 함께 내 손목은 무참히 꺾여 바닥에 닿을 지경이었다. 이렇게 질 수는 없다는 오기로 버티다 전세를 뒤집어 역전승을 거뒀다. 이어 왼팔 경기는 눈 깜짝할 사이에 패하고 말았다. 결승에서는 기력이 쇠한 오른팔이 휘슬 소리와 함께 맥없이 꺾여 다시 바닥에 닿기 직전이었다. 첫판과 같은 판세로 버티기와 회복세가 이어졌지만 팽팽한 접전 끝에 경기는 무승부로 끝났다.

내가 노렸던 극적인 반전의 쾌승은 아니었지만, 이 시합은 주위 모두를 깜짝 놀라게 한 일대 사건이었다. 절망적인 상황에서도 포기하지 않고 사투를 벌인 투지와 투혼에 대한 찬사와 칭송이 이어졌다. 내 마음은 구름 위를 걷는 듯했지만 내 몸은 혹독한 대가를 홀로 감당해야 했디. 양팔괴 손목은 물론 목괴 어깨, 히리 등 온몸을 흠씬 두들겨 맞은 듯했고, 온몸이 갈기갈기 찢기는 것과 같은 극심한 통증에 시달렸다.

한 주간 호된 몸살을 앓았다. 밤새 끙끙 앓느라 잠 못 이루며 지내는 동안 몸의 소리에 귀를 기울이게 되었다. 몸은 정직하고 요행이 없다는 것, 몸을 혹사하면 무리가 따르고 그 여파와 후유증을 몸이 고스란히 떠안게 된다는 것, 몸의 관리자로 마음을 잘 다스려야 할 책임이 자신에게 있다는 것을 온몸으로 배운 시간이었다. 자연의 법칙을 따르는 몸의 순리와 원리를 새삼 깨닫게 된 것은 고통으로 산 값진 교훈이었다.

한편 마음을 겨루는 일에 대해서도 생각해 보게 되었다. 누가 마음을 잘 쓰나? 누가 마음을 잘 헤아리나? 누가 마음을 잘 베푸나? 이렇게 마음을 겨루는 일에도 우리 몸은 쉬지 않고 일한다. 주위의 형편을 눈여겨 바라보는 눈, 주변의 사정을 귀담아듣는 귀, 이해와 화해의 마음을 전하는 입, 도움이 필요한 곳을 찾는 손과 발의 도움이 있었다. 나는 내 몸을 어떻게 사용하고 있는가? 나는 내 몸에게 어떤 주인인가 자문하며 살 일이다.

9. 겉과 속

세계에서 10억 개 이상 팔린 바비 인형이 출시된 지 65년이 지났다. 1959년 3월 9일 뉴욕 장난감 박람회에서 첫선을 보인 바비 인형은 예쁘고 날씬한 젊은 백인 여성의 외모였다. 이후 흑인 바비를 비롯해 키 작은 바비, 배 나온 바비에 이어 최근에는 장애인 바비까지 등장했다. 장난감 인형을 통해 아름다움에 대한 사회적 가치와 시대정신을 엿볼 수 있다. 환갑이 넘은 바비 인형의 변천을 보며 외모를 중시하는 세태를 생각해 본다.

한 개인의 사회적 지위는 선천적으로 부여되는 귀속 지위(ascribed status)와 후천적으로 획득되는 성취 지위(achieved status)로 나눠진다. 외모는 성, 인종, 출생 순위와 같이 개인의 업적에 의해 대체될 수 없는 귀속 지위다. 한데 최근에는 외모도 노력의 결과로 바꿀 수 있는 성취 지위로 이해되기도 한다. 외모가 경쟁

력으로 여겨지는 시대에 미용, 성형, 의상, 헤어 스타일을 통해 외모를 변신시키는 상품과 서비스가 넘쳐나고 있다.

이 가운데 성형은 비용이 많이 들고 수술을 통해 영구적 변화를 꾀하는 데 따르는 위험을 감수하고도 만족스러운 결과를 얻지 못하거나 부작용, 후유증을 겪기도 한다. 그럼에도 불구하고 성형에 대한 관심은 줄어들지 않고 있으며 성형을 통해 외모를 탈바꿈하는 사례도 빈번하게 목격되고 있다. 성형이 연예인, 부유층, 여성, 청년과 같은 특정 계층의 전유물로 여겨졌던 과거와 달리 이제는 성, 연령, 계층, 국적을 불문하고 널리 확산되는 상황이다.

공정거래위원회 조사(2014)에 따르면 우리나라의 연간 성형 시장 규모는 약 5조 원이다. 세계 시장의 규모가 약 21조 원인 것을 감안하면 전 세계의 1/4을 점하고 있는 것이다. 연간 성형수술 건수가 가장 많은 나라는 311만 건이 집계된 미국이며 우리나라는 65만 건으로 세계 7위다. 그러나 인구 대비 성형수술 건수를 환산하면 순위가 바뀌어 인구 1,000명당 성형수술 13.5건인 한국이 세계 1위고 그다음이 그리스, 이탈리아, 미국이다.

대한민국은 성형 왕국, 성형 천국이라는 자조적 표현도 들리고 성형의 악영향을 다룬 매체 보도도 종종 등장한다. 물론 모든 성형수술을 비판적으로 매도할 수는 없다. 치료를 주된 목적으로 하면서 미용의 효과를 수반하는 성형수술은 심신의 건강을 증진시키고 삶의 질을 향상시키는 유익한 방편이 되기도 한다. 그러나 한편에서는 성형수술이 획일적인 미의 기준과 외모 지상주의를 부추기는 수단이 되어 과열 양상을 띠고 있는 것도 사실이다.

성형수술처럼 고도의 자본과 기술이 집약된 의술 외에 미용, 화장, 문신, 두발, 의상, 장신구 등 일상적 차림을 통한 외모 가꾸기에도 많은 관심이 쏠린다. 외형 치장에 몰입하는 경향은 아름다움을 추구하는 인간의 본성에 기초한 것으로 개인과 집단의 개성과 유행으로 발전하고 관련 산업을 활성화하는 순기능을 발휘하기도 한다. 문제는 정도가 지나친 것이고 겉치레에 온통 에너지를 쏟아 내면과 외면의 균형적·통합적 발달이 저해되는 것이다.

외모, 외양, 외관 가꾸기에 대한 과도한 열중과 열광은 내게 주어진 것에 대한 수용과 인정, 내가 가진 것에 대한 만족과 감사보다 내게 없는 것에 대한 불평과 불만, 가진 이에 대한 시기와 질투, 세상과 사회에 대한 원망과 배척을 낳기 쉽다. 피상적인 잣대로 자신과 타인을 판단하고 평가하며 압박하는 잘못과 어리석음을 범하게 한다. 겉치레에 몸과 맘, 돈을 쓰듯 내면적 성숙과 성찰을 위해 애를 쓸 때 겉도 속도 아름다운 사람이 될 것이다.

10. 닫힘과 열림

　이맘때였다. 서울에 눈이 펑펑 내린 아침이었다. 오전은 서울에, 오후는 부산에 일정이 있었다. 며칠 전에 새로 산 신을 신고 기분 좋게 집을 나섰다. 눈 구경하기 어려운 부산에 살게 된 후로 신을 일이 거의 없는 스노우 부츠였지만 장만해 놓기를 잘했다는 생각이 들었다. 한데 집에서 나온 지 몇 분 되지 않아 눈길에 미끄러져 왼쪽으로 크게 넘어졌다. 차라리 헌 신을 신고 나올 걸 그랬나 하는 때늦은 후회를 하며 꼼짝없이 누운 채로 왼쪽 다리와 왼쪽 허리의 부상을 가늠해 보았다.
　시간이 멈춘 듯, 눈 위에 누운 채로 한참 생각했다. 움직여도 괜찮을 것 같아 천천히 몸을 추스르고 일어섰다. 그때 전혀 생각지 못한 반대편 무릎에 기분 나쁜 통증이 밀려왔다. 몸이 중심을 잃고 왼쪽으로 기울어진 순간 오른쪽 무릎이 뒤틀린 채 땅에 세게 부딪힌 것이 떠올랐다. 정작 걱정했던 왼쪽 다리와 허리는 멀쩡했고 오른쪽 무릎이 계속 시큰거리고 아팠다. 가던 길을 끝까지 갈지, 아니면 집으로 돌아갈지 잠시 고민했지만, 약속 장소를 향해 절뚝거리며 한 걸음씩 옮겼다.

시간이 가면 갈수록 통증은 점점 더 심해졌다. 보행이 어려운 지경에 이르렀고 결국에는 병원 응급실을 찾게 되었다. 의사는 X-ray 사진을 살펴보더니 뼈에는 이상이 없는 듯하나 깁스를 하고 당분간 경과를 지켜보는 것이 좋겠다고 했다. 이렇게 해서 난생 첫 깁스를 하게 되었다. 스스로 통제하거나 해결할 수 없는 불편, 불행과 동거해야 하는 경험은 낯설고도 좌절스러운 일이었다. 젊어서 하는 고생은 사서도 한다는 말로 위안을 삼으려고 했지만 별 도움이 되지 못했다.

그런데 육신의 고통을 겪으면서 새삼 깨닫게 된 것이 있었다. 몸의 일부는 몸 전체와 연결되어 있다는 것, 몸과 맘은 떼어 생각할 수 없다는 것을 실감하게 되었다. 부상을 당하고 보니 몸을 다치는 것은 닫힌 세상에 갇히는 것과 다름이 없다는 생각이 들었고, 하루빨리 닫힌 곳에서 벗어나고픈 마음이 간절했다. 그러나 회복의 속도는 더디기만 했다. 하는 수 없이 욕심을 내려놓는 수밖에 없었다. 그러자 닫힌 세계로부터의 탈출만을 바라왔던 갈망이 닫힌 세계에 대한 관망으로 바뀌었다.

그동안 의식하지 않고 살아왔던 몸속 기관과 그 기능에 대해 관조하는 시간을 가질 수 있었다. 지금껏 당연한 것으로 여기고 살아온 것에 대해서도 생각해 보게 되었고 감사한 마음을 갖게 되었다. 밖으로 드러난 고통에만 몰두한 나머지 묵묵히 일해 온 내면의 수고를 외면해 온 것에 미안한 마음이 들기도 했다. '다침'을 '닫힘'으로 치부했던 어리석은 마음도 훤히 들여다볼 수 있었다. 닫힌 세계에 들어간 후에야 비로소 열린 세계로 나아갈 수 있었으니 다침으로 인한 닫힘은 곧 열림이었다.

  또 하나의 깨달음은 고침이었다. 주위의 수난을 모른 체하지 않고 도운 이들이 있어 고침이 가능했다. 응급치료를 받도록 병원까지 안전하게 안내해 준 손길이 있었고, 불편한 다리로 갇혀 지낼 처지를 딱히 여겨 한 아름의 먹을거리를 문 앞에 두고 사라진 발길이 있었다. 깁스를 풀러 갈 때 동행을 자처한 따스한 맘길이 있었으며, 그 어떤 고난도 유익이 될 수 있음을 일러준 위로의 눈길이 있었다. 아픈 딸을 밤낮없이 돌보며 애를 태운 부모의 속길까지, 닫힘이 열림이 되게 한 신비로운 명약이었다.

IV.
경험과 실천의
힘 기르기

● 행위가 인생이 되고 결국 운명이 된다.
이것이 곧 우리 삶을 다스리는 법칙이다.
- 톨스토이

끝이 좋으려면 과정에 충실해야 한다. 끝이 좋으려면 적극적·능동적으로 참여하고 관여해야 한다. 끝이 좋으려면 공동체의 상생과 화합을 위해 노력해야 한다. '좋은 끝'을 부르는 비법과 묘수는 의외로 단순하다. 보편적인 삶의 원리를 끝까지 따르고 지키는 것이다. 시작의 의미는 마무리로 완성되고, 그 끝은 또 다른 시작을 위한 밑거름이 된다.

1. 물

　국제인구행동연구소(PAI)에서는 1인당 연간 재생 가능한 수자원의 총량을 기준으로 물 기근(water-scarcity), 물 부족(water-stressed), 물 풍요(relative sufficiency)로 국가별 현황을 분류해 발표하고 있다. 우리나라는 1990년에 1인당 연간 재생 가능한 수량이 1,452㎥로 물 부족 국가로 보고되었다. 2025년에는 물 기근 국가로 전락할 것으로 전망되었으며, 2050년에는 가용 수자원 대비 물 수요의 비율이 OECD 국가 중 최고 수준에 이를 것으로 예상된다.

　유엔환경계획(UNEP)의 보고에 의하면 세계 인구의 1/3이 극심한 물 부족으로 고통을 겪고 있다. 지구 표면의 70%를 차지하는 것이 물이지만 대부분 바닷물이고 사람이 쓸 수 있는 물은 2.5% 정도로 주로 빙원과 빙하에 갇혀 있다. 실제로 사용할 수 있는 물은 1%에 불과한데 인구 증가와 산업화의 영향으로 오염이 심각해지고 있어 가용 자원으로서의 물의 양과 질은 날로 악화되고 있다.

 유엔은 물의 소중함을 일깨우고 물 부족의 문제와 수질 오염의 실태를 널리 알리기 위해 1992년 '세계 물의 날(World Water Day)'을 선포하였다. 1992년 브라질 리우데자네이루에서 개최된 환경 및 개발에 관한 유엔 회의 의제(Agenda 21)에서 처음 제안하여 1993년부터 3월 22일을 물의 날로 기념하고 있다. 우리나라는 1990년 7월 1일을 물의 날로 제정한 바 있으나 유엔이 정한 국제적 기념일에 동참하고자 하는 뜻에서 1995년부터는 3월 22일로 변경해 기념해 오고 있다.

 근래 들어 오염된 물에 대한 불안으로 수돗물 사용을 꺼리고 정수한 물을 마시거나 생수를 사서 마시는 것이 보편화되고 있다. 그러나 깨끗한 물을 원하는 만큼 물을 아껴 쓰고 덜 오염시키려는 노력은 기울이지 않는다. 한국인 한 명이 하루에 쓰는 물은 300리터가 넘는데 이는 아프리카의 한 가족이 20일 동안 사용하는 양이다. 우리나라를 산 좋고 물 좋은 '금수강산'이라 하고, 물자를 헤프게 쓰는 경우를 가리켜 '물 쓰듯 한다'라고 일컬어 온 우리에게 물의 경고는 실감하기 어려운 현실인 듯하다.

 최근 신종 바이러스의 출현으로 인해 위생에 더 신경을 쓰게 되면서 물의 소비는 한층 늘 것으로 보인다. 요즘 같은 때 물이 얼마나 요긴한지 절감하게 된다. 물의 효용과 더불어 인간의 삶에 교훈을 주는 물의 특성을 생각해 본다. 물은 생명을 살리고 더러움을 씻어

내며 주변으로 스며드는 힘이 있다. 담긴 곳에 자신을 맞추며 틀을 벗어나면 흘러가고 퍼져가며 액체와 기체를 넘나든다. 이와 같은 생명력, 정화력, 침투력, 적응력, 추진력, 확산력, 순환력은 우리 인생에도 깨달음을 주는 물이 지닌 덕성이다.

우리는 물 없이는 살 수 없다. 나의 생존에 필수적인 물은 이웃의 생존에도 필수적임을 잊지 말아야 한다. 다른 공간뿐 아니라 다른 시간에 대한 통시적 관점을 가지고 미래세대에 물려줘야 할 자원임도 명심해야 한다. 한정된 공유재인 물을 소중히 여기고 오염과 파괴를 최소화하고자 하는 인식, 태도, 행동의 통합적 실천이 필요하다. 건강한 생태계와 공동체의 공생을 위해 고민하는 품격 있는 사회, 물을 아끼고 깨끗이 보전하며 그 물질적·정신적 가치와 의미를 오늘과 내일의 이웃과 나누는 삶으로 실현해 보면 어떨까?

2. 기초

　표준국어대사전에 따르면 '기초'란 사물이나 일 따위의 기본이 되는 토대를 말한다. 또한 건물이나 다리와 같은 구조물의 무게를 받치기 위해 만든 밑받침을 뜻한다. 한자로 기초는 터를 의미하는 기(基)와 주춧돌을 뜻하는 초(礎)가 합쳐진 말이다. 요컨대 기초란 건축을 할 때 기둥 밑의 움직임을 방지할 목적으로 밑동을 받쳐놓는 돌과 같이 공간, 구조, 연결체의 흔들림을 방지하고 안정감을 유지하는 중요한 역할과 기능을 담당하는 것이다.
　새해가 밝았다. 21세기의 시작을 낯설게 느끼면서 새로운 천 년인 2000년을 맞이한 것이 얼마 되지 않은 일인 것만 같은데 그 후로 사반세기가 지났고 어느새 2025년을 맞이하게 되었다. 사실 시간은 연속적인 것으로 그 시작과 끝을 가늠할 수 없는 것이다. 그러나 우리는 하루, 일주일, 한 달, 일 년, 십 년, 백 년, 천 년의 단위로 시간을 헤아리거나 기념하면서 살아간다.

후기 현대사회를 살고 있는 우리들은 포스트모더니즘의 대표적 특성으로 일컬어지는 다양성과 해체주의를 경험하고 있다. 또한 과거 어느 때보다도 변화의 속도가 급격한 시대를 체감하며 살아가고 있다. 이처럼 변화무쌍한 시대에는 사회 환경의 안전 기반이 흔들리기 쉬우며 그 구조 속에 있는 구성원은 안전기지의 불안정으로 인해 자칫 혼란, 혼미, 혼돈에 빠지기 쉽다. 이러한 맥락에서 고도로 발달된 산업사회에 살고 있는 우리가 잊지 말아야 할 것은 다름이 아닌 기초라고 할 수 있다.

기초를 무시한 끔찍한 결과를 우리는 똑똑히 기억하고 있다. 1994년 발생한 성수대교 붕괴 사고는 공권력을 이용해 사익을 추구한 관련 업계의 부정부패가 배경과 원인이었다. 건설업자의 부실 공사, 감리 담당 공무원의 부실 감사, 정부 기관의 부실 점검으로 일어났다. 이듬해 발생한 삼풍백화점 붕괴 사고는 애초 대단지 상가로 설계되었던 건물을 정밀한 구조진단 없이 백화점으로 변경한 후 수시로 무리한 확장 공사를 진행하고 여러 차례 붕괴의 조짐을 발견하고도 응급조치로만 대응한 결과였다.

성수대교와 삼풍백화점의 붕괴는 설계, 시공, 관리의 총체적 부실에 따른 예고된 참사였다. 성수대교의 붕괴로 출근길과 등굣길의 시민 49명이 한강으로 추락했고 그 가운데 32명이 목숨을 잃었다. 삼풍백화점 사고는 사망 501명, 실종 6명, 부상 937명의 인명 피해를 가져왔다. 한국전쟁 이후 수적으로 가장 큰 인명 손실을 낳은 뼈아픈 사고로 기록되었다. 이 두 사고는 한국 사회가 걸어온 압축 성장의 그림자였다. 속도에 중점을 둔 가시적 성장에 매달려 기초를 무시한 사상누각의 말로를 목격한 사고였다.

  이와 같은 비극의 재발을 막으려면 어떻게 해야 할까? 튼튼한 기초를 세우는 방법은 무엇일까? 답은 자명하고 단순하다. 속임수 없는 정직한 기초를 성실히 시공하고 틈틈이 관리하고 감독하는 것 외에 다른 길은 없다. 이것은 자연의 이치고 원리며 법칙이다. 결국 건물을 짓거나 돌보는 사람과 그의 기초가 중요하다. 글자와 숫자를 익히고 남보다 앞서는 길을 배우기 전에 바르게 사는 것, 거짓 없이 진실하게 사는 것, 남과 더불어 어울려 사는 지혜를 익히는 것이 먼저임을 깨닫고 힘써 실천하는 우리가 되길 기대해 본다.

3. 실습

　대학에서 사회복지학과 학생들을 가르치고 있다. 사회복지학은 사회복지와 관련된 이론과 함께 현장 학습을 중시하고 강조하는 실천과 적용의 학문이다. 사회복지 전공 필수 교과로 사회복지 실습이 있으며, 이 과목을 이수해야만 졸업을 할 수 있고 사회복지사 자격증도 받을 수 있게 된다. 보통 실습의 시점은 사회복지 전공의 기초적 지식을 습득한 3학년 이후고 장소는 지역사회에 있는 사회복지 기관이며 기간은 3~4주다.

　학기 중에는 다른 수업이 있고 실습에만 전념하기 어려운 상황이어서 방학 동안 실습을 하게 된다. 주로 여름방학을 이용해 실습을 니기게 되는데, 학생들에게 실습은 한여름 무더위만큼이나 통과하기 힘든 고역으로 다가오기도 한다. 한편, 실습 기간 동안에 학과 교수들은 학생들이 실습하고 있는 기관을 찾아간다. 실습지 방문은 사회복지학과 교수의 주된 책무 가운데 하나로 강의실에서 수업을 통해 학생들을 가르치는 임무 못지않게 중요한 일이다.

 학생들이 실습하고 있는 곳에 도착하면 먼저 기관장이나 실습 책임자를 만나 인사를 나눈다. 학생들에게 사회복지 현장의 실무를 익힐 수 있도록 기회를 제공해 준 것에 대해 감사를 표한다. 그러고 나서는 시설에 대한 안내를 받거나 진행 중인 프로그램을 즉석에서 참관하기도 한다. 뭐니 뭐니 해도 기관 방문의 백미는 실습생으로 일하고 있는 제자들을 만나는 순간이다. 비록 상봉의 시간은 짧지만, 학생들에게 도움이 될 만한 격려의 메시지를 전하는 일에 주력하고 온다.

 실습 선험자로서 다른 누구보다도 학생들의 입장을 잘 알기에 그 마음을 헤아리고 다독인다. 학생도 직원도 아닌 애매한 위치 자체가 힘들 수 있다. 가정과 학교의 보호를 벗어나 냉혹한 사회 현실에 놓인 것도 충격적인 경험일 수 있다. 정해진 시간에 출퇴근하는 일, 공문서를 작성하는 일, 직장 내 관계에 적응하는 일, 서비스 대상을 상대하는 일, 관련 기관과 연계하는 일 등 낯설고 힘든 일 천지인데 서툰 실수가 용납되지 않고 질책이나 추궁이라도 당하는 날에는 위축되고 자신감을 잃기 쉽다.

 그럼에도 불구하고 실습에 따르는 고충과 난관은 사회복지사가 되는 길에 겪게 되는 성장통과 같다는 것을 학생들에게 주지시킨다. 이론으로 익힌 바를 실천으로 접목시키는 일은 고통이 따르는 훈련이라는 것도 공감해 준다. 그러나 이 훈련이 고통으로 끝나지 않고 고통 너머의 도약으로 이어지는 단련이 된다는 사실도 일깨운다. 실습은 배움의 완성도를 높이고 개인의 역량을 배가하는 길이기에 힘든 만큼 유익도 크며 그 성과는 고스란히 자기 자신의 몫이 된다는 것을 명심하고 남은 기간 최선을 다하도록 당부한다.

 실습 기관을 방문할 때면 종합 선물 세트를 한 아름 안고 오는 느낌이 든다. 애송이 실습생의 스승을 원망 아닌 환영으로 맞아주는 기관 관계자들의 인정 어린 마음도 감동이고, 선생 얼굴만 봐도 눈물을 글썽이는 제자들의 순수한 눈망울과의 마주침도 감동이다. 짧은 한마디 응원의 말에도 움츠린 어깨를 펴고 다시 일터로 향하는 제자들의 뒷모습도 감동이며, 더욱 성숙해진 모습으로 학교로 돌아올 이들의 앞날을 내다봄도 감동이다. 이 감동은 '學而實習之說乎' 즉 배우고 실습하는 것이 기쁨이라는 것을 깨닫게 하는 또 하나의 인생 실습이다.

4. 봉사

몇 해 전 미국 미네소타대학에서 학술 발표를 하게 되었다. 미네소타는 과거 연구년을 보낸 곳이어서 가깝게 지내는 이들도 많았다. 공항으로 마중 나온 미국인 친구 부부의 첫 환영사는 내가 머무는 동안 하고 싶은 일, 가고 싶은 곳, 보고 싶은 것, 만나고 싶은 사람을 말하면 본인들의 일정을 조정하겠다는 사려 깊은 제안이었다. 나는 답변으로 그들의 평소 일정은 어떻게 되는지를 물었다. 이때만 해도 이 질문이 평생 잊을 수 없는 체험으로 이어질 줄은 몰랐다.

친구 부부는 수요일마다 한 기독교 단체에서 운영하는 기아를 위한 식량 배급 봉사에 참여하고 있었다. 이들과 함께 봉사를 나갔다. 작업에 대한 안내를 받고 두건을 쓰고 손을 씻고 작업장으로 향했다. 한 테이블에 4인 1조씩 즉석에서 팀을 편성했다. 양식을 담도록 식량 주머니를 열고 붙잡고 있는 일, 주머니에 쌀, 콩가루, 말린 채

소, 비타민을 담는 일, 계량해서 정량을 맞추는 일, 밀봉 후 상자에 담는 일 등 단순하지만 조원 간의 협동이 필요한 일들이었다.

봉사 기관 주차장에 도착했을 때 노란 스쿨버스가 가득 들어선 것을 보고 친구 부부가 왜 그리 아연실색했었는지 처음엔 몰랐다. 그러나 일을 시작하자마자 그 표정이 절로 이해되었다. 초등학교 학생들이 단체로 자원봉사를 나와 우리의 조원이 될 것이기 때문이었다. 친구 부부는 이들이 귀여운 이웃집 꼬마는 될 수 있어도 함께 일하고픈 동료는 되기 어렵다는 것을 선행 경험을 통해 이미 터득한 터라 아이들의 등장에 그처럼 난감한 표정을 지었던 것이다.

막상 일을 시작하니 예상했던 것보다 더 정신이 없었다. 큰 소리로 떠드는 아이, 옆 사람과 장난치는 아이, 음악 소리에 노래를 부르는 아이, 멜로디에 장단 맞춰 춤추는 아이, 왔다 갔다 하는 아이, 맡은 일을 다른 일로 바꿔 달라 조르는 아이, 작업에 집중하지 못하고 재료를 흘리고 쏟는 아이……. 그야말로 북새통이었다. 가는 날이 장날이라고 하필이면 내가 간 날 이렇게 소란스러운 아이들과 함께하게 된 것이 짜증스러웠다. 피로감이 밀려들었고 시간은 더디게 흐르는 듯했다.

내가 기대한 평화로운 봉사는 아니었지만 문득 이런 생각이 들었다. 처음부터 능숙한 사람은 없고, 어려서부터 자연스럽게 봉사를 체험해 보는 것이 중요하며, 그 기회를 마련해줄 필요가 있다는 생각이 들었다. 몸이 자라듯 봉사하는 마음과 기술도 자라게 될 것이고, 봉사를 강요가 아닌 즐거움으로 경험한 아이들에게 봉사는 유익한 생활교육이 될 것이며, 훗날 자기 아이들의 손을 잡고 다시 봉사장으로 발길을 옮기게 될 것이다. 이런 생각이 들자, 모든 것이 가능성으로 보였고 엉망진창인 작업 환경도 눈에 거슬리지 않았다. 최악의 작업 파트너도 예뻐 보였다.

미국이 자원봉사 강국이 된 것은 어려서부터 자발적인 체험을 통해 봉사를 몸으로 익히게 한 민주 시민(democratic citizenship) 교육의 힘 때문임을 목격한 순간이었다. 귀국 후 이 경험을 대학의 교육과정에 반영했다. 자원봉사론 교과를 개설하고 이론 수업과 함께 봉사 현장을 찾아 실무적 경험을 체득하게 하고 있다. 봉사는 머리로만 하는 것이 아니라 손과 발, 가슴으로 하는 것임을 가르쳐준 난리법석의 꼬마 스승들 덕분이다. 봉사하는 삶, 그것은 성장하는 삶이다.

5. 필사

 필사(筆寫)는 책을 손으로 직접 베껴 쓰는 것을 말한다. 인쇄술이 발달하기 전까지만 해도 같은 책을 여러 권으로 만들려면 당연히 손으로 일일이 직접 옮겨 적어야 했다. 필사는 시간이 오래 걸리는 일이고 작업량도 많은 힘든 일이어서 서양에서는 수도원의 고행 과정 가운데 성서 필사가 있었을 정도였다. 동양에서도 불교의 불경을 필사하는 사경(寫經)이 단순히 책을 복사하기 위한 목적을 넘어 중생과 내세를 이롭게 하는 공덕으로 간주되었다.

 필사는 기본적으로 글을 읽고 쓸 줄 알아야 할 수 있기에 문맹률이 높았던 시대에는 아무나 할 수 있는 일이 아니었다. 중세 유럽의 필사본 서적을 보면 글자뿐만이 아니라 삽화나 장식이 들어가기도 했다. 고려시대 사경의 경우에는 색지나 비단에 금가루를 섞은 먹으로 글자를 쓰거나 불경에 등장하는 장면을 삽화로 그려 넣기도 했다. 이처럼 필사는 오늘날의 출판에 비견될 만큼 제작, 필사, 교정, 편집, 삽화, 디자인 등에 걸쳐 고도로 정교화된 작업이 수반되는 종합 작품이기도 했다.

뭐니 뭐니 해도 필사의 최대 과제와 임무는 원본의 내용을 있는 그대로 충실히 옮겨 쓰는 것이다. 때로는 필사 과정에서 빚어진 실수나 잘못으로 인해 고의는 아니나 원본과 다른 내용을 적을 수도 있다. 한편 의도적으로 내용을 변경하거나 첨삭하는 등 필사하는 사람의 주관이 들어간 내용을 적을 수도 있다. 또한 오자나 탈자와 같은 오류를 범할 수도 있다. 따라서 필사본의 완성도와 완결성을 확인하는 과정으로 원본과 필사본을 꼼꼼히 대조하고 검토하는 교차 검증이 필요하고 중요하다.

최근에 필사를 직접 경험한 바 있다. 내가 속해 있는 교회의 130주년을 기념하는 일 가운데 성경 필사가 있었다. 성경 필사자 130명을 모집하는 광고를 접했을 때 이 일이야말로 내가 적임자라고 생각했다. 그 이유는 부산에 거주하고 있는 내가 서울 모교회 일에 원격으로 참여할 기회기도 했고, 어려서부터 글씨가 예쁘다는 칭찬을 많이 들어왔기에 손 글씨에 자신이 있기도 한 데다, 성경 필사가 기독교인인 나에게 신앙적 성장과 성숙의 계기가 될 것으로 기대했기 때문이었다.

내가 맡은 부분은 A4용지 12면 정도로 부담스러운 분량이 아니었다. 글을 읽고 쓰는 일에 오래 종사해 온 나에게 글을 옮겨 적는 일은 그리 힘든 일이 아니었다. 글을 창작하고 다듬는 일도 아니고 있는 글을 그대로 베껴 쓰는 일은 단순하고 기계적인 일이기에 단기간에 수월하게 마칠 수 있을 것으로 예상했다. 그러나 필사를 시작하자마자 내 생각이 큰 오산이었음을 깨닫게 됐다. 일 획, 일 점도 틀리지 않고 필사하는 일은 결코 쉬운 일이 아니었다. 한 장의 완성작을 얻기까지 여러 장의 실패작을 양산했다.

  한 자 한 자 심혈을 기울여 앞 뒷장을 실수 없이 써 내려갈 무렵, 자칫 방심하여 애써 작성해 온 것이 공든 탑이 무너지듯 허사가 될 때면 짜증, 분노, 좌절이 밀려오기도 했다. 그러나 필사할 내용을 반복해 정독하고 숙독하면서 본문을 깊이 이해하게 되었으며, 그 표현과 표기에 집중하고 몰입할 수 있었다. 또한 부주의하지 않도록 조심하고 조급한 마음을 다스리면서 인내심을 기를 수 있었고, 한 장 한 장 완성해 가면서 보람과 기쁨을 느낄 수 있었다. 필사는 원본의 모조와 복제를 뛰어넘는 연단과 성찰을 향한 의미 있는 여정이다.

6. 포장

　선물 포장이 날로 거창해지고 있다. 지난 추석에 책상만 한 선물이 배달됐다. 겉 포장을 천으로 덧입혀 한층 더 품격 있어 보였다. 무려 3개 국어로 'Premium Gift Set', '名品', '마음을 담은 선물 세트'라고 씌어 있었다. 보자기를 풀어보니 코팅된 두꺼운 종이상자가 나왔다. 상자를 열어보니 왁스 칠을 해서 더 먹음직스러워 보이는 사과가 진열돼 있었다. 내장된 플라스틱 틀 속의 사과는 꽃잎 같은 비닐 완충재에 하나씩 싸여 있었고, 벌집 같은 스티로폼에 덮여 이중 삼중 보호막 속에 덮혀 있었다.
　근사하고 우아한 겉 포장부터 화려하고 기능적인 속포장에 이르기까지 선물을 돋보이게 하는 포장과 장식에 두 눈이 휘둥그레지고 감탄이 절로 나왔다. 좋은 세상, 편한 세상에 살고 있다는 생각이 들었다. 한데 곧이어 포장과 내용물을 분리하고 선별하는 과정에서 포장의 무게와 부피가 고스란히 짐이 되고 처리해야 할 부담이 되는 현실과 마주하게 되자 좋은 게 좋은 게 아니라는 생각이 들었다. 문득 시간을 거슬러 올라가 어린 시절 이맘때의 선물 포장을 떠올리게 되었다.

집으로 상품을 운송 배달하는 서비스가 덜 발달된 때라 직접 지고 나르고 했다. 요즘 흔한 비닐봉지가 아닌 누런 종이봉투에 물건을 담았는데 손잡이도 없어 움켜쥐거나 품에 안고 날랐다. 명절이나 잔치 때 상자에 담긴 과일이 오가기도 했는데 상자라 해야 여기저기 이음새에 못이 박힌 거칠고 투박하며 초라하기 짝이 없는 나무 궤짝이었다. 안은 쌀겨로 차 있었고 과일은 쌀겨 속에 파묻혀 잘 보이지도 않았다. 볼품없고 불편하며 궁색하고 촌스러웠지만 이제 생각하니 '친환경' 포장이었다.

포장의 기능과 효과에 대해서는 두말하면 잔소리일 것이다. 보기 좋은 떡이 먹기도 좋고 이왕이면 다홍치마라고 같은 물건도 포장하기에 따라 그 가치가 달라지게 마련이다. 그러나 적당한 단장과 치장은 정성이고 재치일 수 있지만 지나친 과장과 위장은 낭비고 속임수일 수 있다. 자본주의 사회에서는 물질적 가치와 구매력의 신장이 미덕으로 통한다. 소비를 자극하고 판매를 촉진하는 일에 전력을 다하고 이후의 순환과 책임은 나 몰라라 힌다. 딩징 눈앞의 이익과 편리에만 눈이 멀고 마음이 쏠린다.

OECD가 발표한 회원국의 주요 환경 지표에 따르면 한국은 1인당 플라스틱 폐기물을 가장 많이 배출하는 나라다. 2020년 기준으로 회원국 평균의 4배에 해당하는 1인당 연간 208kg의 플라스틱 폐기물을 배출하여 OECD 국가 중에서 1위를 차지했다. 플라스틱이 분해되는 데는 450년이 걸리는데 우리나라의 플라스틱 재활용률은 1.2%에 불과하다. 썩지 않는 플라스틱은 바다로 흘러가 1억 5천만 톤의 쓰레기가 바다를 떠다니고 있다. 태평양 한가운데 있는 쓰레기 섬의 크기는 한반도의 7배에 달한다. 한편, 우리가 1년 사용하는 종이컵을 만드는 데는 20년 된 나무 2,300그루가 들어간다.

최근 들어 지속 가능한 발전(sustainable development)에 많은 관심이 모이고 있다. 인간의 끝없는 욕심은 생태계를 파괴하고 끝내는 인류의 건강과 안전을 위협하는 부메랑이 되어 돌아온다. 코로나도, 기후 변화와 지구 온난화도 인간의 지나친 탐욕이 불러온 자업자득의 결과라 하겠다. 인간은 자연의 일부고, 자연의 질서와 조화를 깨뜨리지 않는 삶을 살아야 할 의무가 있다. 하나뿐인 지구 공동의 미래를 생각하고 환경 보존과 보전을 위한 개선에 힘써야 한다. 나부터, 오늘부터 실천할 때다.

7. 유시유종

유시유종(有始有終). 시작이 있으면 끝이 있다, 시작했으면 끝까지 해야 한다는 말이다. 누구나 쉽게 공감하는 말이지만 누구나, 어떤 일에나, 어떤 조건에서나 하기 쉬운 것은 아니다.『논어』의 자장(子張) 편에서는 '시작과 끝이 있는 사람은 성인 뿐(有始有卒者, 其惟聖人)'이라고 하면서 유시유종의 어려움에 대해 말하고 있으며, 독립운동가 월남 이상재 선생도 우리나라 사람들은 매사에 유시유종이 썩 드물다고 개탄하면서 유시유종의 삶을 강하게 촉구한 바 있다.

독일어 격언에도 '끝이 좋으면 다 좋다(Ende gut, alles, gut.)', '마지막에 웃는 지기 최후의 승지디(Wer zuletzt lacht, lacht am besten.)'란 말이 있고, 영어 격언에도 '마무리가 좋으면 만사가 좋다(All is well that ends well.)'란 말이 있다. 일이 잘 되어가지 않는다 해도 끝까지 잘 마무리해야 하며, 일의 끝이 곧 그 일에 영광을 안겨준다는 뜻이 담겨 있다. 시작한 일을 매듭짓는 것이 얼마나 중요한지를 일깨우는 교훈은 이처럼 시공을 초월한 인류의 교훈으로 전해지고 있다.

대학에서 학생들을 가르치고 있는 내게 기말은 그동안 진행해 온 수업을 마무리하는 시점이다. 이때 중요한 일 가운데 하나가 바로 학생들의 성적을 매기는 일이다. 한 학기 동안 수업에 참여한 학생들의 학업 성취도를 출석, 시험, 과제 등 세부 항목별로 채점한 뒤에 합산한 총점을 최종 성적으로 내게 된다. 이 과정에서 매번 유사한 경험을 하곤 하는데, 불과 3~4개월 전에 다 같이 시작한 수업이 학생들 간에 두드러진 차이를 드러내는 결과로 맺어지는 '끝'을 목격하게 된다.

과연 무엇이 이와 같은 차이를 가져왔을까? 사실 이 물음에 대해서는 다년간의 경험을 통해 어느 정도 자신 있는 답을 이미 알고 있다는 생각도 든다. 물론 한날한시에 똑같이 시작한 수업이라 해도 학생 저마다의 자질, 준비도, 선행 경험, 수업 적응 수준이 다 다르고 교실 환경 외에도 다양한 개인적·사회적 요인이 작용하기 때문에, 설부른 판단이나 지나친 일반화는 조심해야 한다. 그러나 학생들의 성적을 매길 때면 '좋은 끝'을 담보하는 강력한 예측 요인을 발견하게 되는 것도 사실이다.

우선 지각·결석이 많은 학생, 시험을 치지 않은 학생, 과제를 제출

하지 않은 학생은 좋은 성적을 거두기 어렵다. 부실이 결실을 가로막는다. 거쳐야 할 단계를 생략하거나 누락하면서 좋은 결과를 바라는 것은 무리이고 과욕이다. 한편, 과정을 빠짐없이 거쳐온 학생들 간에도 성적 차이가 발생하는데, 수업에 소극적이고 피동적인 학생들은 시험 답안이나 과제 내용도 빈약한 편이고 좋은 평가를 받기 어렵다. 또한 급우와의 관계가 좋지 못한 학생들도 도움을 주고받는 지지 기반이 약해 좋은 성과를 내기 어렵다.

  요컨대 끝이 좋으려면 과정에 충실해야 한다. 끝이 좋으려면 적극적·능동적으로 참여하고 관여해야 한다. 끝이 좋으려면 공동체의 상생과 화합을 위해 노력해야 한다. '좋은 끝'을 부르는 비법과 묘수는 의외로 단순하다. 보편적인 삶의 원리를 끝까지 따르고 지키는 것이다. 시작의 의미는 마무리로 완성되고, 그 끝은 또 다른 시작을 위한 밑거름이 된다. 보통 새로운 한 해, 한 달, 한 주, 하루를 시작할 때 가졌던 포부와 계획이 흐지부지되는 경우가 많다. 어떻게 하면 용두사미의 길이 아닌 유시유종의 길을 갈 수 있을지 성찰하고 실천하는 우리가 되길 바란다.

8. 이주민 체험

2024년 말 현재 우리나라에는 265만 명이 넘는 외국인이 체류하고 있다. 지난 10년 동안 두 배 가까이 증가한 수치다. 우리나라 국민 가운데 이주민이 차지하는 비율은 약 3%에 달하는 것으로 집계되고 있다. 최근 우리 사회가 경험한 괄목할 만한 변화 가운데 하나가 바로 다문화 사회로의 진전이라 할 수 있을 것이다. 세계적으로 국제 이주가 용이한 시대가 전개되고 있으며 다른 문화적 배경을 지닌 이들의 지구촌 이동은 앞으로도 계속될 전망이다.

급격한 속도로 진행되고 있는 다문화 사회화는 문화적 충격과 사회적 갈등을 초래하는 사회적·국가적·국제적 위기 요인으로 분석되기도 한다. 다문화 사회로의 진입에 따른 종합적인 비용과 대가에 대한 비판과 우려의 목소리도 적지 않은 상황이다. 한편으로는 우리에게 익숙하지 않은 낯선 경험으로 인해 사회적 혼란을 초래하고 있는 측면도 있으나, 다른 한편으로는 우리 사회의 다문화적 역량을 강화할 기회를 얻은 것으로도 볼 수 있다.

한 공동체를 구성하는 다양한 구성원과 그 구성원의 다양한 문화적 배경이나 특수성을 존중하고, 다문화에 대한 개방적 감수성과 수용성을 바탕으로 더불어 살아가기 좋은 환경을 함께 만들어 가는 것은 모든 사회와 국가가 당면하고 있는 핵심적인 발달 과업이다. 이처럼 중요한 과제를 적절하게 해결하기 위해 관련 법률, 정책, 행정, 서비스 체계를 구축하고 효율적인 현장 실무를 발전시키는 것은 선진 사회의 공통적인 관심 영역으로 자리를 잡고 있다.

우리나라의 경우도 사회적·거시적 차원에 입각한 제도적 대책과 시스템을 고안하고 정비하는 일이 본격적인 다문화 시대를 맞아 매우 중요한 국가적 과제로 부각되고 있다. 그러나 이와 아울러 개인적·미시적 차원에서 다문화적 감수성을 계발하는 노력을 병행하는 일도 결코 소홀히 할 수 없는 과제로 강조되어야 할 것이다. 사람과 사람 사이의 이해와 포용을 전제로 하지 않은 제도의 구비는 모래성을 쌓는 것과 같으며 잠재적 갈등, 충돌, 소외의 불씨를 키우는 일이 될 수 있기 때문이다.

다문화 감수성을 향상하는 방법 가운데 하나는 개인과 집단의 객체적인 경험을 확장하고 적용해 가는 것이다. 나는 다문화란 말이 등장하기 전부터 다문화 가정을 도와 왔다. 대단한 사명감이나 봉사 정신에 기인한 것이 아니었고 직간접적으로 경험한 이주자로서의 체험이 그 발로였다. 70여 년 전 월남한 실향민의 후손인 것이 이주민에 대한 관심의 씨앗이 되었고, 해외 출장 중에 타국에서 겪은 불편이 이방인에 대한 공감을 형성했으며, 고향을 떠나 타향살이에서 겪게 된 고충이 이주민을 돕는 동력이 되었다.

다문화 사회의 적응 패턴으로 자타의 문화를 수용하는 통합, 자문화만 수용하는 분리, 타문화만 수용하는 동화, 자타의 문화를 거부하는 주변화가 거론되곤 한다. 그중 가장 바람직한 유형으로 여겨지는 통합을 도모하기 위해 국가적 차원에서 정책과 서비스의 개발이 적극 추진되고 있다. 이와 같은 제도적 지원의 확충과 함께 역지사지의 상호 주관성(inter-subjectivity)을 바탕으로 한 공감과 이해, 사랑이 없으면 통합의 의미나 효과를 기대하기 어렵다. 끝까지 붙잡아야 하는 것은 사람을 귀하게 여기는 마음이기 때문이다.

9. 가능태와 현실태

　인지심리학자 피아제(Piaget)는 인간의 사고가 네 단계에 걸쳐 발달한다고 보았다. 오감과 운동을 통해 인지가 발달하는 감각운동기(영아기), 상징적 사고와 자아중심적 사고가 두드러진 전조작기(유아기), 구체적 대상에 대해 논리적으로 추론할 수 있는 구체적 조작기(아동기), 체계적인 접근으로 생각하고 눈에 보이지 않는 대상에 대해서도 추상적으로 생각할 수 있는 형식적 조작기(청소년기 이후)로 설명하고 있다.

　피아제의 인지 이론의 핵심적인 개념은 조작적 사고(operational thought)로, 인지적 과제에 대한 지적인 활동, 곧 사고력이나 문제 해결력을 의미하는 것이다. 피아제는 이러한 조작적 사고의 출현을 인지적 도약의 분수령으로 보았다. 그는 아동이 자기중심적인 사고에서 벗어나 동시에 여러 차원을 고려해 더욱 이성적이고 논리적으로 생각할 수 있게 되는 탈중심화(decentralization)를 인지적 성장의 징표로 보았다.

피아제의 이론은 이 분야에서 타의 추종을 불허하는 독보적 이론으로 정평이 나 있다. 나 또한 인지 발달 강의를 할 때면 피아제 이론에 중점을 두어 설명해 왔는데, 최근에는 인지와 행동 간의 균형적 발달에 더 관심을 갖게 되었다. 피아제의 인지 이론이 인간의 사고발달 패턴을 이해하는 데 도움이 되는 것은 사실이나 사고가 바로 행동으로 이어지는 것은 아니며 그 간격에 대한 성찰이 필요하다고 생각하게 되었다.

인지적으로는 중심화의 경향에서 벗어나 여러 차원을 다각적으로 고려할 수 있는 능력을 갖추게 된 이후로도 그 능력을 제대로 실현하지 못하는 경우가 비일비재하다. 인지 발달에 의한 가능성과 행동 발달의 현실성 사이에 괴리가 큰 것이다. 개인 또는 집단 간에 발생하는 오해나 갈등, 분쟁의 기저에는 한쪽 측면, 내 입장에만 매몰되어 다른 측면, 남의 입장을 먼저 충분히 고려하지 못한 기제와 역동이 작용하고 있다.

동서고금을 막론해 도덕의 원리는 단순명쾌하다. 내가 하고 싶지 않은 일은 남에게 시키지 말라는 『논어』의 '기소불욕 물시어인(己所不欲 勿施於人)'도, 나를 척도 삼아 남의 처지를 헤아리라는 『대학』의 '혈구지도(絜矩之道)'도, 남에게 대접받고 싶은 대로 남을 대접하라는 기독교의 황금률(Golden Rule)도 내 입장과 유익에만 머무는 인격적 미성숙에서 벗어나 주위를 존중하고 배려하는 인격적 성숙의 길로 가라는 것이다.

  타인으로부터 사려 깊은 존중과 배려를 받는 경험은 긍정적인 선순환을 불러온다. 반면에 기울어진 생각과 판단에 기초한 말과 행동은 상대방에게 심리적인 상처를 안겨줄 뿐 아니라 모방이나 보복과 같은 또 다른 파괴적 결과를 빚는 악순환을 초래하게 된다. 가능태(可能態)와 현실태(現實態)의 이분적 분리와 해체를 경계하고 그 통합적 실천을 위해 노력하는 우리 모두가 되길 바란다.

10. 소 잃고 외양간 고치기

2020년 여름, 부산에 기록적인 폭우가 내렸었다. 기상청은 7월 23일 저녁 8시부터 24일 0시 30분까지 4시간 반 동안 부산 지역에 호우경보를 발령했다. 이 시각 부산은 시간당 최고 80㎜의 비가 내렸다. 24일 오전 6시 30분을 기준으로 누적 강우량은 해운대 213㎜, 기장 205㎜, 동래 192㎜로 보도되었다. 우리나라의 한 해 강우량이 약 1,200㎜인 것을 감안하면 단시간 동안 엄청난 양의 비가 집중적으로 내린 것이다.

짧은 시간에 내린 집중호우로 곳곳에서 큰 피해가 발생했다. 초량 제1지하차도가 침수돼 차도 안의 차량을 덮쳐 3명이 사망했다. 인근 동천의 범람으로 근처 저지대 주민들이 긴급 대피하는 소동도 벌어졌다. 교통수단의 운행에도 차질이 있었다. 지하철 부산역 출구 계단과 환기구에 빗물이 스며들어 역사와 선로가 잠겼고, 지하철은 부산역에 서지 않고 통과했다. 동해선 선로도 침수돼 무궁화호 열차와 전철 운행이 일부 중단됐다.

초량 지하차도의 인명 사고는 2014년 동래 우장춘로 지하차도에서 2명이 숨진 사고의 재발이라는 비판이 제기되고 있다. 행정안전부는 사고가 나기 몇 개월 전에 침수가 우려되는 전국의 지하차도를 위험도에 따라 통제하도록 하는 지침을 각 지방자치단체에 전달한 바 있다. 초량 제1지하차도는 위험 3등급으로 호우경보가 내려지면 통행을 금지해야 했으나 제대로 통제하지 않았다. 분당 20톤을 배수할 수 있는 펌프도 제구실을 못 했다.

해마다 장마철이 돌아오고 유사한 사건·사고를 겪으면서도 무사안일, 편의주의, 안전불감, 책임전가, 임시방편의 대처로 순간적 위기 모면에 안도하고 근본적 해결을 위한 노력을 게을리해 온 우리의 부끄러운 모습을 보게 된다. 차제에 개인과 집단 수준에서 재난에 대한 체계적인 대책 마련의 필요성과 중요성에 대한 인식을 바탕으로 사회적 안전망을 구축하는 데 실천적인 노력을 기울여야 할 것이다.

초량에서 인명 사고가 난 시각에 나는 초량에서 가까운 중앙동의 한 제과점에 있었다. 매장에 도착했을 때만 해도 호우로 도로가 흥건했지만, 빗물이 범람하지는 않았었다. 한데 얼마 지나지 않아 바깥 도로가 물에 잠겼고 순식간에 빗물이 매장 안으로 파도치며 밀려오는 광경을 목격했다. 불과 몇 분 사이에 눈앞에서 벌어지고 있는 현실이 믿기지 않을 정도였다. 개인적으로는 지금까지 비와 관련된 가장 공포스러운 시간이었다.

매장 앞길의 빗물이 정문으로 밀려들 때 매장 후문 뒷길의 사태도 위태롭기는 마찬가지였다. 자칫하면 사면초가의 위기에 놓여 꼼짝없이 갇힌 채 외부의 도움을 기다려야 할 지경이었다. 그때 직원들이 빗속을 헤치고 나가 앞뒤 도로의 배수 상황을 살피고 이웃과 힘을 모아 물길을 트며 실내에 들이친 빗물을 제거하며 행정 당국에 신고를 하는 등 발 빠른 조처를 했다. 도로를 강물처럼 뒤덮었던 빗물이 빠졌고 언제 그랬냐는 듯 평온을 되찾았다.

이 일은 교훈을 남겼다. 빗물과 같은 크고 작은 위기에 경각심을 늦춰서는 안 된다는 것, 물길이 막히면 주변에 침범·침투해 피해를 준다는 것, 물길도 위기 대응도 적시에 소통이 되게 해야 한다는 것, 난국에는 여럿이 힘을 합해야 한다는 것, 여름 장마도 인생 환란도 개인과 사회의 안전 기반을 다지는 동력이 될 수 있다는 것을 배웠다. 안타까운 인명 사고에 소 잃기 전 외양간 고쳤으면 하는 생각도 드나, 소 잃고라도 외양간 고치는 것이 우리 모두의 숙제다.

V.
성장과 성숙의 의미 찾기

- 사람은 자신의 영혼을 성숙시키기 위해 태어났으며
  죽음은 성장의 마지막 단계다.
  - 엘리자베스 퀴블러로스

공동체와 구성원에 대한 가치를 소중하게 여기고 그 존재적 필요를 마음으로부터 돌보고 보살피는 사회가 참다운 선진 사회라 할 수 있을 것이다. 정신적으로 건강하고 성숙한 개인과 사회를 위해 필요한 덕목을 배양하는 일에 노력을 기울여야 하고, 이때 빼놓아서는 안 되는 핵심 가치는 바로 생명을 소중히 여기고 보살피는 돌보는 마음임을 잊지 말아야 할 것이다.

1. 말

'호모 로퀜스(Homo loquens)', '말하는 인간'이라는 뜻이다. 인간의 삶은 말과 떼어서 생각하기 어렵다. 인간은 평생에 걸쳐 말을 하고, 말을 들으며, 말을 주고받으면서 살아간다. 말은 의사소통에 필수적인 수단이자 타인과의 교류에 핵심적인 도구로 쓰인다. 인간처럼 동족 간의 소통에 음성 신호를 사용하는 동물도 있지만, 그 어떤 동물도 인간만큼 고도로 정교화된 언어적 상징, 기호, 규칙, 변형을 발달시키고 활용하는 경우는 없다.

말은 인류의 탁월한 능력이지만 말을 둘러싼 복잡하고 섬세한 작용과 여파로 인해 말에 대해 말하는 것이 말처럼 쉽지만은 않다. 우리 속담에서는 '말이 씨기 된다', '발 없는 말이 천 리 간다', '낮말은 새가 듣고 밤말은 쥐가 듣는다', '말 많은 집은 장맛도 쓰다', '입은 비뚤어져도 말은 바로 해라', '말 한마디에 천 냥 빚도 갚는다', '가는 말이 고와야 오는 말이 곱다'처럼 말의 중요성을 강조하고 말로 인한 결과와 책임을 일깨우고 있다.

유대인의 지혜서 『탈무드』도 '혀는 마음의 붓이다', '물고기는 언제나 입으로 낚인다. 인간도 입 때문에 걸려든다', '남의 입에서 나온 말보다 내 입에서 나온 말을 잘 들어야 한다', '밤에 말할 때는 소리를 낮추고 낮에 말할 때는 주위를 살펴야 한다', '영혼도 휴식이 필요하기에 인간은 잠을 잔다. 입에도 휴식을 주고 남의 말에 귀를 기울이라', '현명한 사람은 눈으로 직접 본 것을 말하고 어리석은 사람은 귀로 들은 것을 말한다'와 같이 말과 관련된 교훈과 지침을 싣고 있다.

말로 인한 사건 사고로 온 나라가 시끄럽다. 열흘 뒤로 다가온 국회의원 선거를 앞두고 후보자의 말이 화근이 돼 사퇴에 이르는 경우도 발생한다. 비판받는 말에 대해 그런 말을 한 적 없다고 잡아떼기도 하고, 다 지나간 일이라면서 어물쩍 넘어가려고도 하며, 그 말이 널리 공개될지 모르고 가까운 이들에게 한 말이었다고 얼버무리기도 한다. 나의 말실수는 티끌처럼 여기고 남의 말실수는 태산처럼 부풀리기도 한다. 말로 인한 불씨를 또 다른 말로 덮으려다 더 큰 불씨를 키우기도 한다.

말은 제어력이 뒷받침돼야 한다. 건강한 시스템은 건강한 제어력을 갖추고 있다. 제동장치가 없거나 제대로 작동하지 않는 시스템은 위험을 부른다. 제동장치가 부실하면 시스템 본연의 기능을 수

행하기 어려울 뿐만 아니라 연동된 문제와 위기를 파생시키게 된다. 우리에게 필요한 제어력 가운데 하나가 바로 말에 대한 제어력이다. 말을 적절하게 제어하지 못하는 개인과 집단은 화를 자초하게 된다. 공동체에 분란을 일으키고 연쇄적 악영향과 악순환을 초래해 파괴적 엔트로피(entropy) 수준을 높인다.

  말의 홍수 속에서 유념해야 할 것은 말의 타당성, 신뢰성을 살피는 일이다. 때와 장소에 맞는 말을 하는가, 거짓이 아닌 진실을 말하는가, 말과 행동이 일치하는가, 말한 대로 약속을 지키고 책임을 지는가, 빈말이나 헐뜯는 말, 편 가르는 말이 아닌 격려하는 말, 위로하는 말, 건설적인 대안을 제시하는 말을 하는가 살펴야 한다. 말이 다가 아니다. 말은 사고, 감정, 정보의 표출을 넘어 실력, 성숙, 신뢰를 가늠케 하는 결정적 지표다. 말은 과거, 현재, 미래가 투영된 역사적 궤적이고 감추려 해도 감춰지지 않는 품격이다.

2. 관용

관용(寬容·tolerance)은 좁게는 남의 잘못이나 허물을 너그러이 용서하고 받아들이는 것을 뜻하고 넓게는 다른 사람의 특성과 취향을 존중하고 인정하는 것을 뜻한다. 사회적·관계적 존재인 인간에게 관용은 필수적인 미덕이다. 유엔은 제2차 세계대전 종전 50주년, 유엔 창설 50주년, 유네스코(UNESCO) 헌장 채택 50주년을 기념하고자 1995년을 '관용의 해'로 선언한 바 있는데, 이는 관용이 얼마나 어려운 일인가를 시사하기도 한다.

인류는 오랫동안 관용의 정신을 강조해 왔다. 타인에 대한 관용은 종교마다 역설하고 있는 핵심적 윤리 강령이기도 하다, 기독교에서는 사랑과 용서, 유교에서는 인, 불교에서는 자비를 통해 타인에 대한 관용을 중요한 가르침으로 전하고 있다. 죄는 미워하되 사람은 미워하지 말라는 말처럼 죄와 사람을 동일시해 악인으로 낙인

짓지 말고, 상대가 잘못을 저질렀어도 그를 미워하는 마음의 감옥에 갇혀 있지 말라는 것이다.

관용은 권력으로 해석되기도 한다. 독일의 철학자 위르겐 하버마스(Jürgen Habermas)는 관용에는 관행에서 벗어난 소수에게 지배자나 다수가 시혜를 베풀 듯 일방적으로 선언하는 권위주의적 요소가 있다고 보았다. 프랑스의 철학자 자크 데리다(Jacques Derrida)도 관용은 늘 최강자의 논거 편이라고 했고, 미국의 정치학자 마이클 왈쩌(Michael Walzer)도 관용을 베푸는 것은 권력을 행사하는 것이며 관용을 받는 것은 약세를 인정하는 것이라고 하면서 불평등 구조를 거론했다.

관용이 가진 자의 세력 행사라 하더라도 관용을 베푸는 것이 말처럼 쉽지만은 않다. 때로는 상대편이 유형·무형의 빚을 탕감받은 것을 당연시하고 잘못을 인정하거나 사과하지 않으며 계속해서 선처를 바랄 수도 있다. 그럴 때면 애써 관용을 베푼 것이 허사로 느껴지고, 후회와 자책이 따르기도 한다. 이처럼 관용과 관련된 부정적인 선행 경험이나 이후 전망이 관용을 베푸는 데 종종 걸림돌로 작용하기도 한다.

그럼에도 관용이 불러올 긍정적 효과와 가능성에 비하면 이는 감수할 만하다. 관용은 원만한 관계, 순조로운 진행, 새로운 출발을 도모하고 실망, 분노, 증오와 같은 파괴적 감정에서 벗어나게 하며, 상처 입은 영혼의 치유와 회복을 돕고, 또 다른 관용의 씨앗을 심는다. 사사건건 시비를 따지고 책임의 경중을 물어 잘못을 처단하고 징벌할 때는 기대하기 어려운 결과다. 관용을 은총의 맥락에서 이해하는 것이 중요한 이유다.

2006년에 미국 아미시 마을에서 있었던 일이다. 아내와 세 아이를 둔 남성이 어린 딸의 죽음을 신에게 원망하며 아미시 학교에 난입해 총을 난사했다. 다섯 명이 죽고 다섯 명이 크게 다쳤으며 범인은 자살했다. 그런데 아미시 공동체는 살인자의 아내와 자녀를 돕는 기금을 마련했고 그의 장례식에도 참석했다. 살인자의 어머니는 장례식장에 들어서는 아미시 사람들을 봤을 때 하나님의 은혜가 문 안으로 들어오는 것 같았다고 말했다.

진정한 관용은 자기 자신과의 싸움이다. 관용을 베풀기 어려운 상황에서도 관대하게 하기로 결심하고 행동하는 인격적 성숙과 능력의 발현이기도 하다. 관용을 주고받은 역사와 그 상호작용적 영향력은 온화하면서도 강인한 개인과 집단의 품격이 된다. 어느새 새해 첫 달이 지나고 있다. 지금까지 내가 받아 온 관용에 감사하고 관용의 실천을 위해 더욱 노력하는 한 해로 살아간다면 그 어느 해보다 너그러운 한 해가 될 것이다.

3. 위로

위로는 따뜻한 말이나 행동으로 괴로움을 덜어주거나 슬픔을 달래주는 것을 말한다. 위로의 한자 위(慰)는 슬픔에 젖어 있는 상주를 위로하는 모습을, 로(勞)는 등불을 들고 밤늦도록 일하는 모습을 담고 있다. 서양에서 위로(comfort)라는 말은 그리스어 'paraklesis', 라틴어 'consolor', 독일어 'trösten'에서 유래했으며, '달래주다, 곁으로 부르다, 도와주다, 격려하다, 권면하다, 편안하게 해주다, 고통을 경감시키고 누그러뜨리다'와 같은 뜻으로 쓰인다.

위로의 욕구는 갓 태어난 신생아로부터 죽음을 앞둔 노인에 이르기까지 인간이 지닌 보편적인 심리적 욕구다. 고통스럽거나 불행한 상황에 놓이게 되면 따스한 위로를 받고 싶게 마련이다. 이는 상황을 변화시킬 수 있는 특단의 조치나 해결을 바라는 마음이기보다는 힘든 상황에 놓인 자신을 누군가가 이해하고 공감하며 지지해 주기를 바라는 마음이다. 우리는 평생에 걸쳐 위로가 필요한 순간을 경험하게 되며 때로는 위로받는 이로, 때로는 위로하는 이로 살아간다.

위로가 인간의 기본적인 정서적 욕구인 것은 분명하나 언제, 어디서, 어떤 경우에 얼마나 위로가 필요하며, 어떤 형태의 위로를 어떻게 받는 것이 도움이 되는가 하는 것은 주관적이고 개별적인 차원의 문제이기도 하다. 즉, 위로는 위로가 필요한 상황에 대한 자각이나 개인의 심리적 적응 수준, 과거의 선행 경험, 개인을 둘러싼 사회적·환경적 배경과 맥락, 외부로부터 제공받을 수 있는 유효한 물질적·비물질적 지원의 정도 등 여러 가지 요인에 의해 영향을 받는 복합적인 문제라고 할 수 있다.

이렇듯 위로는 쉽게 객관화하기 어려운 문제지만 위로의 맥락과 대상에 대한 감수성을 높이는 데 도움이 되는 정량적 접근을 참조할 만하다. 홈즈-라헤(Holmes-Rahe)는 사회적 재적응 평가에 관한 연구를 통해 스트레스를 유발하는 생활 사건을 점수화하여 스트레스의 영향을 분석한 바 있다. 연구 결과 1년간 겪은 스트레스의 누적 점수가 높을수록 건강에 문제가 생길 확률이 높게 나타났다. 그리고 스트레스 지수가 높은 사건으로는 배우자나 가까운 가족원의 죽음, 이혼, 별거, 투옥, 질병, 상해, 은퇴 등이 지목됐다.

이들 상위 사건의 저변에는 사람, 관계, 직업, 건강 등 삶의 필수 요인으로부터의 분리, 상실, 고립, 단절이 있다. 많은 사건 가운데서도 가장 감당하기 힘든 사건이자 가장 위로가 필요한 사건은 대체나 재회가 불가한 영구적 이별이다. 최근에 나는 가까이 지내온 외국 친지들의 부고를 연달아 접하게 됐다. 멀리서나마 남겨진 이들을 보살피는 일에 많은 시간을 보냈다. 가족들에게 위로의 문자를 보냈고, 꽃다발과 카드를 전했으며. 장례식에 낭독할 추모의 글을 썼고, 고인을 기리는 자선 모금에 동참했다.

그 과정에서 위로를 표현하는 다양한 방식의 문화도 접했고, 슬픔과 고통의 감정 전이도 겪었다. 물리적 제약과 관습적 차이를 초월하는 위로의 보편적인 효과도 목격했고, 위로받는 이는 물론 위로하는 이도 함께 위로받게 되는 위로의 확산적인 힘도 체험했다. 현대사회의 인간 소외는 위로를 차단해 위기와 불행을 고조시킨다. 초고속 성장으로 앞만 보고 달려온 우리에겐 잠시 멈춰 서서 위로가 필요한 이를 보살피는 마음을 갖고 등불을 밝히듯 그 마음을 구현하는 노력이 필요하다. 위로가 있는 곳에 희망은 있다.

4. 위기

서양에서 위기라는 말은 '분리하다'라는 뜻의 그리스어 'Krinein'에서 유래되었다. 본래는 회복과 죽음의 분기점이 되는 갑작스럽고 결정적인 병세의 악화를 가리키는 의학용어로 사용되었다. 오늘날 위기라는 말은 상황의 변화를 충격적으로 표현하는 말로 쓰이고 있으며 개인의 육체적·정신적 측면은 물론 국가의 정치적·사회적 체계, 나아가 국가 간의 관계에 이르기까지 널리 발생하는 것으로 인식되고 있다.

나는 위기에 처한 소수집단의 문제에 관심을 가지고 사회통합의 차원에서 이들의 욕구에 기초한 지원책을 마련하는 일에 관여해 왔다. 최근에는 보건복지부 사업으로 지역사회 내 위기 가족을 발굴하고 위기 극복을 위한 서비스를 제공·연계하는 프로젝트를 수행한 바 있다. 이 일의 책임자로 일하면서 크고 작은 위기를 겪기도 하지만, 그 경험은 위기에 대한 교훈을 얻게 한다. 깨달은 바를 요약해 보면 다음과 같다.

첫째, 위기는 평생에 걸쳐 겪게 되는 발달 과정이자 과제다. 위기로 다가오는 인생의 사건과 그 사건이 위기로 지각되는 정도와 강도는 다양하나, 모든 인간은 예외 없이 위기를 겪으며 살아간다. 산다는 것은 위기를 경험하는 것이며 위기로부터 전적으로 해방되는 순간은 죽음의 순간일 것이다. 인생 자체가 위기인 것을 직시하고 위기를 전화위복의 기회로 보는 긍정적인 시각과 자세, 바탕을 견지하는 것이 중요하다.

둘째, 위기 관리의 기초로 위기에 대한 정확한 인식이 필요하다. 개인마다 집단마다 위기의 종류나 여파가 다르나 효과적 위기 인식의 공통적 열쇠가 되는 것 가운데 하나는 정확한 진단이다. 진단이 정확해야 처방이 정확하며 정확한 진단에 도움이 되는 것은 객관성, 합리성, 전문성이다. 또한 위기 관리에 타이밍이 관건임을 알아야 한다. 호미로 막을 것을 가래로 막지 않으려면 적시의 위기 파악과 대처가 필수적이다.

셋째, 위기를 헤쳐가는 데 유용한 자원을 갖추어야 한다. 위기 해결에 효과적인 자원으로는 위에 언급한 긍정적인 인식과 태도, 정확한 지식과 판단력을 비롯해 물질이나 기술, 경험, 관계, 사회적 서비스 등이 있다. 같은 사건이라 해도 보유한 자원에 따라 위기로 인식되는 정도와 여파가 천차만별인 것에서 자원의 중요성이 여실히 드러난다. 위기 대처에 필요한 자원을 축적하고 주변의 자원을 활용하는 능력을 길러야 한다.

넷째, 성공적인 위기 극복에 개인의 노력도 필요하나 사회적 연대와 협력도 필수적이다. 개인적 위기는 때에 따라 구조적 위기와 결부된 것일 수도 있고 혼자서는 극복하기 힘든 난제일 수도 있다. 좋은 공동체는 개인의 위기를 나 몰라라 하지 않고 힘을 합해 위기를 해결해가는 공동체다. 위기 관리의 차원에서 선진국은 사적 차원의 위기도 공적 차원에서 포용하고 지원하는 국가다. 백지장도 같이 들면 가벼운 법이다.

다섯째, 위기를 성장과 성숙의 차원으로 승화시키려는 노력이 따라야 한다. 위기 경험과 극복이 개인과 사회의 위기 관리 역량이 되고 건강한 공동체의 덕목이 되게 하기 위해서는 위기를 통해 시련의 의미를 발견하고 고난도 유익이 되도록 하는 길을 모색하고 적용해야 한다. 성장과 성숙으로 이어지지 못하는 위기는 고통, 공포, 상처, 좌절, 파멸이 되기 쉽지만, 성장과 성숙으로 이어지는 위기는 내공, 단련, 재건, 회복, 희망이 된다.

5. 화합

생물학적 관점에서 화합의 필요성과 중요성을 설파한 흥미로운 책을 접했다. 브라이언 헤어(Brian Hare)와 버네사 우즈(Vanessa Woods)는 『다정한 것이 살아남는다』에서 협력하고 소통하는 친화력이 종의 생존에 결정적이라고 주장하면서 사나운 늑대나 침팬지보다 정서적 교감과 소통에 능한 개와 보노보(피그미 침팬지)의 개체 수가 늘어난 결과를 예로 들었다. 이들의 주장은 자연에서는 강한 자만 살아남는다는 적자생존의 통념에 반하는 것으로, 힘의 논리에 의한 경쟁과 지배에 관한 기존의 신념에 도전한다.

생존에 결정적 요인이라 할 수 있는 '다정한 마음'을 심리학적으로 조명하면 EQ(Emotional Quotient: 정서 지수)로 설명할 수 있다. 대니얼 골먼(Daniel Goleman)은 『정서 지능』에서 IQ와는 전적으로 다른 차원의 능력으로 EQ를 소개한 바 있다. EQ는 자신의 기분을 자각·존중·결단하고 부정적인 감정을 제어하며 좌절하기 쉬운 상황에서도 스스로를 격려할 수 있는 능력을 말한다. EQ는 타인의 감정에 공감하고 집단 내의 조화와 협력을 도모하는 사회적 능력으로 화합에 필수적인 기술이다.

화합의 열쇠인 정(情)은 우리 한국인에게 친숙한 정서다. 고교 시절 국어 시간에 배운 고려 말 이조년의 시에 담긴 정(情)은 은하수 수놓인 한밤중에 잠 못 이루는 '다정한 마음'이었고, 유명 제과 회사의 상징이 되다시피 한 정(情)은 말하지 않아도 아는 한국인의 감성으로 통하는 '정다운 마음'이었다. 정에 관한 수백 년 전 문인의 시나 오늘날의 상품 광고가 많은 이들에게 공감을 불러일으키는 것은 한국인 특유의 인정, 온정의 마음이 심층에 공통분모로 자리 잡고 있기 때문일 것이다.

최근에는 이와 같은 한국적 정서가 많이 퇴색돼 가는 듯하다. 우리는 집단생활을 기반으로 한 정서적 교류와 공유적 경험의 기반이 크게 약화된 시대와 사회에 살고 있으며, 개인주의와 통신 기술의 발달로 인해 사람과 사람 사이의 직접적 접촉이나 대면적 만남이 대폭 축소된 세상에 살고 있다. 한국인 특유의 정마저도 자신이 속한 집단의 이권과 결부될 때면 화합과 화목의 촉매가 아닌 갈등과 분열의 불씨로 작용하게 되는 경우를 종종 목격하게 된다.

어떻게 하면 우리 고유의 정서적 미덕인 정을 잃어버리지 않고 공동체 화합을 위한 강점으로 유지하면서 이기적·파괴적 연료가 되지 않게 할 수 있는가를 고민해야 한다. 이 문제는 마음에 대한 공부와 실천이 필요한 개인적·사회적 과제이기도 하다. 우리는 일상을 통해 자신과 타인의 감정을 이해하고 공감을 토대로 정서적으로 상호작용하며 건설적으로 감정을 표출하고 소통하는 길을 배우고 익혀야 한다. 또한 감성과 이성이 균형을 이룬 갈등 해소법을 훈련하고 강화하는 과정을 축적해야 한다.

진정한 화합은 정서적 교감과 소통에 기초한 역동적·심리적 어우러짐이다. 공자는 『논어』 자로 편에서 군자는 서로 달라도 화합하는 '和而不同'로, 소인은 서로 같아도 화합하지 못하는 '同而不和'로 묘사하고 있다. 기독교에서는 화평케 하는 자를 '복 있는 사람', '하나님의 아들'로 일컬을 만한 인물로 높이 평가하고 있다. 화합을 도모하는 마음은 군자나 신의 자녀다운 삶을 사는 축복의 길인 동시에 강자, 승자의 논리가 불러온 인류 파멸의 위기에서 회복을 위해 선택해야 할 새로운 패러다임이다.

6. 예(禮)

공자는 『논어』에서 예(禮)를 통하여 인(仁)을 이룰 수 있다고 설명하고 있다. 제자 안연(顔淵)이 인에 대해 묻자, 공자는 '자기를 이기고 예로 돌아가는 것이 인(克己復禮爲仁)'이며, '예가 아니면 보지 말고 듣지 말며 말하지 말고 움직이지 말라(非禮勿視 非禮勿聽 非禮勿言 非禮勿動)'라는 가르침을 주었다. 맹자도 인간이 갖춰야 할 다섯 가지 덕목으로 인(仁), 의(義), 예(禮), 지(智), 신(信)을 들고, 인간의 기본적 덕목으로서 예(禮)의 중요성을 강조한 바 있다.

예(禮)가 우리 삶에서 얼마나 중요한 것인지는 비단 고전 속 성현의 가르침을 통해서만이 아니라 가까운 현재의 일상에서 겪는 크고 작은 경험을 통해서도 쉽게 알 수 있다. 사실 이번 달 칼럼의 주제로 예(禮)를 떠올리게 된 것도 최근에 겪게 된 사소한 일상적 사건 두 가지가 생각의 씨앗이 되었기 때문이다. 두 경우 모두 대중이 이용하는 공공장소에서 낯선 사람들과의 상황 속에서 벌어진 일이라는 공통점이 있다.

앞 사건은 백화점에서 있었다. 입구에 도착했을 때 바로 앞에 가족으로 보이는 외국인 일행이 차례로 한 사람씩 문으로 들어서고 있었다. 나는 한 발 뒤로 물러서 마지막 사람이 통과하기를 기다렸다. 한데 앞 사람이 문을 열더니 뒤돌아 나에게 먼저 들어가라는 신호를 했다. 잠시 주춤하다 호의에 감사를 표하고 들어갔다. 대문을 통과하니 중문이 있었다. 친절에 보답할 기회였다. 이번엔 내가 문을 잡고 "You first!"를 외쳤고 환한 미소를 답례로 선사받았다.

다른 사건은 도서관에서 있었다. 휴일 오후에 집 근처 도서관에 들러 자료를 찾고 문서를 작성했다. 한창 작업에 몰두할 무렵 어디선가 정적을 깨는 음악 소리가 울려 퍼졌다. 비틀스(Beatles)의 '예스터데이(Yesterday)'였다. 누군가 실수를 한 것으로 생각했다. 곧 그칠 것으로 기대했지만 예상은 빗나갔다. 한 노신사가 컴퓨터 작업을 하면서 자신의 휴대폰으로 연신 음악을 틀었다. 바로 곁에 대학생으로 보이는 청년 대여섯이 있었지만 아무도 말리지 않았고 가장 멀리 떨어져 있던 나도 선뜻 나서지 못했다.

전자의 경우 한 사람의 작은 친절이 별 의미 없던 공간을 의미 있는 공간으로 바꿔놓았다. 하나의 친절이 또 다른 친절을 불러왔고 다음 길을 행복으로 이어준 노둣돌이 되었다. 후자의 경우 한 사람의 몰지각한 행동이 쾌적했던 공간을 순식간에 짜증스러운 공간으로 만들었다. 계속된 소음으로 작업에 집중하기 어려웠음에도 적반하장의 파란을 우려해 곧 다가올 폐관 때까지 참고 견디게 했다. 누군가의 몰염치한 안하무인격 행태로 주위는 불편, 불쾌, 불만을 감수하는 시간과 공간으로 전락하고 말았다.

문제는 이기적 욕심을 다스리지 않고 결례(缺禮)를 범한 인격적 미성숙에 있었다. 노년에 도서관에 다닐 만한 체력이 있고 컴퓨터와 팝송을 가까이할 지력이 있어도 때와 장소에 맞는 예의를 지키는 덕성이 없다면 그 인생은 헛산 인생이다. 인간의 공간은 물리적 장소이자 심리적 장소이다. 이 장소를 상생의 터전으로 만들 책임이 공간을 공유한 모두에게 있다. 그 책임의 방법과 형식인 예(禮)에 무지(無知)하면 무례(無禮)하고 무치(無恥)하다. 건강한 공동체는 공공선(公共善)으로서의 예(禮)가 살아 숨 쉰다.

7. 가을비

　인간은 환경 속에 둘러싸여 있으며 인간과 환경의 상호작용은 개인과 집단의 삶과 문화가 된다. 다양한 환경 가운데 자연은 인간의 반응과 적응 양식을 발달시키는 자극으로 작용한다. 매일 경험하는 날씨는 하루를 여는 화두가 될 뿐 아니라 인간의 사고, 정서, 행동에 영향을 미치는 변수가 된다. 특히 평소와 다른 날씨는 인간이 환경 속의 존재이며 환경의 영향을 받고 있다는 사실을 일깨우곤 한다. 어제 내린 비는 이런 각성제 역할을 했다.

　날씨에 대한 호불호는 지극히 개인적이다. 내 경우는 맑은 날을 좋아한다. 맑은 날에 느껴지는 밝고 환한 에너지를 좋아하고, 맑은 날에 볼 수 있는 지연과 사물의 선명한 빛깔과 그 두멍한 느낌을 좋아하기 때문이다. 흐린 날은 별로 좋아하지 않지만, 흐린 날의 독특한 색조가 자아내는 운치 있는 분위기를 좋아할 때도 종종 있다. 반면 비 오는 날은 질색할 정도로 싫어하는데, 그 이유를 일일이 열거하자면 아마도 이 지면을 다 할애해도 부족할 것이다.

 습도가 높은 것, 시야가 흐린 것, 우산을 지참해야 하는 것 등이 비 오는 날을 불편, 불쾌, 불호로 연결 짓는 개인적 이유다. 게다가 어제처럼 강풍을 동반한 폭우가 내리면 우산도 무용지물이 되기 쉽고 온몸이 젖는 난감하고 난처한 상황이 된다. 또한 곳곳의 교통 정체로 일상적 업무의 지연과 차질이 빚어지기 십상이고, 자칫 방심하면 길을 지날 때 옆 사람의 우산에 찔리거나 난데없는 뺑소니와 같은 자동차 물벼락을 맞는 것도 비 오는 날을 끔찍이 싫어하는 이유다.

 11월 중순으로 접어드는 시점에 내린 비로는 이례적으로 아주 큰 비가 내렸다. 장마와 태풍이 합쳐진 것 같은 위력이었다. 수업을 하러 가던 길이었는데, 순간 발을 떼기 어려울 정도로 거센 비바람이 몰아쳤다. 강풍에 우산이 꺾였고 몸이 떠밀렸으며 머리부터 발끝까지 젖었다. 강의실에 무사히 도착했지만, 이런 몰골로 수업을 해야 하는 것이 암담했다. 다행히 10분가량 일찍 도착해 잠시 몸을 말리고 들어갈 틈이 있었는데, 이 짧은 시간 동안 사고의 대전환이 일어났다.

 때에 맞춰 내리는 한여름 장맛비든 철 지나 내리는 늦가을 비든 비가 내리는 것은 자연의 이치다. 비가 오면 비를 맞는 것도 자연스러운 일이다. 인류의 역사와 더불어 자연적 제약을 극복하는 인공적

시설과 장비도 발전해 왔다. 그 문명의 이기를 누리고 살아가는 현대인들은 자연을 정복한 삶을 살고 있다는 착각 속에서 자연과 멀어진 삶, 자연을 망각한 삶을 살고 있는지도 모른다. 인간은 대자연의 일부이며, 인간과 자연의 조화로운 공존은 영원한 과제다.

유엔은 우리나라를 만성적 물 부족 국가로 분류하고 있다. 어제 내린 비가 메마른 국토에 유용한 급수 자원이 되어 오랜 가뭄을 해갈하는 데 유익할 것으로 생각하니 불청객 같았던 비가 반가운 단비로 생각되었다. 또한 나와 달리 비를 좋아하는 지인들을 떠올리니 비로 인한 문제가 감수할 만한 사소한 것으로 여겨졌다. 한편 우산이 있어 더 큰 피해를 모면할 수 있었던 것을 생각하면서 궂은날을 위한 대비와 지원의 가치에 대해서도 헤아려 보게 되었다.

인생도 맑은 날만 있지는 않다. 흐린 날도 있고 비바람 부는 궂은 날도 있다. 때로는 이런 날이 연달아 오기도 한다. 인생길에서 부딪는 환란과 역경을 어떻게 바라볼 것인가 하는 것이 관건이다. 크고 작은 위기 상황에 대한 준비와 채비, 도움과 나눔도 중요하다. 빗길을 홀로 힘겹게 걸어가는 이에게 우산을 씌워주는 길벗이 있을 때 비 오는 날도 견딜 만한 날, 감사한 날이 될 것이다. 그리고 언젠가는 그 또한 비 맞는 누군가의 우산이 될 수 있을 것이다.

8. 빛과 어둠

   8월의 또 다른 이름은 '광복절이 있는 달'이다. 연중 많은 국경일이 있지만, 한국인에게 가장 중요한 기념일 가운데 하나는 바로 광복절일 것이다. 1945년 8월 15일은 빼앗긴 나라와 잃었던 주권을 되찾은 역사적인 날이다. 일본 식민 지배의 폭압 아래 질식할 듯한 질곡에서 벗어나 숨 쉴 수 있는 기쁨을 얻은 날이다. 광복의 생생한 역사와 감동적 환희를 또렷이 기억하는 세대가 하나둘 사라져가는 오늘, 8월을 보내기 전에 다시 찾은 빛의 의미와 교훈을 되새겨 본다.
   빛을 회복한 오늘을 기뻐하기에 앞서 빛을 상실한 어제를 돌아볼 필요가 있다. 1910년 8월 22일 대한제국과 일본제국 사이에 합병조약(合倂條約)이 강제로 체결되었다. 대한제국의 내각 총리대신 이완용과 한국통감 데라우치 마사타케가 합병조약을 통과시켰고 8

월 29일 조약을 공포하면서 대한제국의 국권이 상실되었다. 이로써 1905년 을사늑약 이래 실질적으로 통치권을 잃었던 대한제국은 일본제국에 완전히 종속되었고 이후로 35년간 일본의 점령과 지배를 받게 되었다.

나라 없는 백성으로 빛을 잃고 살았던 35년은 서러운 종살이를 감내해야 했던 눈물과 회한의 세월이었다. 끝날 것 같지 않은 시련과 고난의 시간 속에 뿌리내린 학습된 무기력으로 말미암아 일제의 폭압과 학대에서 벗어날 수 있다는 희망조차 품기 힘든 좌절의 세월이었다. 비참하고 암담한 과거를 보낸 후에 맞이한 광복은 칠흑 같은 어둠 끝에 만난 생명과 희망의 빛이었을 것이다. 그 빛은 악의 패배와 선의 승리를 약속하듯 보드랍고 따사로운 광명의 빛으로 다가왔을 것이다.

그러나 광복 후 오랜 시간이 흐른 오늘날에도 식민 지배의 잔재는 끈질기게 살아남아 있다. 우리 힘으로는 할 수 없을 것이라는 무능감과 위축감에 휩싸여 강대국에 의지하고 비위를 맞추는 것만이 우리 살 길이라고 생각하는 사대주의의 그늘을 종종 목격하게 된다. 식민 지배의 경험이 해방 후 지금까지도 우리의 인식과 행동 저변에 부정적인 영향을 미쳐온 것은 악랄했던 일제가 남긴 또 다른 상흔이고 청산해야 할 과거이며 방치할 수 없는 숙제다.

몇 해 전 일본은 한국을 상대로 대일 의존도 높은 산업 품목의 수출 규제를 단행한 바 있다. 국내 업계는 그 후폭풍을 염려하지 않을 수 없었고 사회적 불안도 고조됐었다. 아직 위기를 완전히 통과하거나 극복했다고 자신하기에는 이른 시점이나 우리 산업계가 이룬 일본으로부터의 분리 노력은 매우 고무적인 것으로 평가되고 있다. 그동안 일본에 의지해 온 부품과 장비 생산 및 개발에 국산화가 가속화되었고 괄목할 만한 성과를 내어 온 것으로 알려졌다.

 자립을 향한 국내 산업의 분투 소식을 접하면서 우리 삶에도 진정한 독립을 향한 노력이 필요함을 생각해 본다. 우리 내면에 자리한 의존적·타성적 사고와 그로부터 발목이 잡히게 될 성장과 발전에 대해 돌아본다. 개인, 사회, 국가의 건강한 자주정신이 살아있을 때 주체적인 삶이 가능하다. 우리는 과연 종이 아닌 주인으로 살고 있는가를 반추하며 다시 찾은 빛을 주인다운 삶을 조명하는 빛으로 비춰야 할 것이다. 치욕과 환희의 역사를 잊은 민족은 어둠 속에서 이룬 성숙도 다시 찾은 빛의 가치도 지켜낼 수 없기 때문이다.

9. 나는 누구인가?

나는 누구인가? 이 질문은 나 자신의 정체감에 관한 물음이다. 정신분석학자 에릭슨(Erikson)은 인간 발달에 있어 자아 정체감의 중요성을 강조하고 자아의 성장을 중심으로 심리 사회적 발달을 설명한 바 있다. 그는 인생의 단계마다 성취해야 할 발달 과업이 있으며, 그 성공적 이행이 궁극적으로 자아 정체감의 발달로 귀결된다고 보았다.

자아 정체감은 개인적 발달 과제인 동시에 사회적 발달 덕목이라 할 수 있다. 나를 어떤 사람으로 정의하는가는 나의 개인적 경력뿐만 아니라 내가 속한 사회의 이력과 연결되는 문제다. 이러한 맥락에서 나를 둘러싼 환경의 동시적 의미를 살펴보고 건강한 정체감의 발달을 위해 나와 우리의 어제를 재조명해 보는 노력이 요구된다.

한국인의 자아 정체감을 생각해 볼 때 빼놓을 수 없는 민족적 사건이 있다. 바로 삼일운동이다. 삼일운동은 우리 근현대사의 기념비적 사건으로 시공을 초월해 한국인의 정체감으로 자리 잡았다. 내가 누구인지 바로 알기 위해 나의 집단적 과거에 관심을 기울이고 공동체적 경험의 가치를 돌아볼 필요가 있다. 과거를 잊은 민족에게 미래가 없듯, 과거를 잊은 개인에게 미래는 없기 때문이다.

삼일운동은 일제에 항거해 국권과 인권을 부르짖은 시민운동이었다. 불의와 폭력으로 박해하는 악의 세력에 대해 정의와 비폭력으로 맞선 선의 행진이었다. 약육강식의 반인륜적 침해를 정당화하는 패권적 제국주의가 세계 질서로 자리잡은 때에 국가와 민족을 넘어 인간 존엄과 인류 공영의 보편적 가치를 앞서서 외친 시대정신이었다.

세계사에 길이 빛날 만한 삼일정신은 쉽게 거저 얻어낸 것이 아니었다. 시련, 고난, 죽음, 상실, 절망이라는 혹독하고 처참한 오늘을 견딘 후에 어렵게 지켜낸 희망과 기쁨의 내일이었다. 온갖 희생을 무릅쓰고 어두운 밤을 통과해 천신만고 끝에 맞이한 고진감래의 아침이었다. 마침내 그 아침은 잊을 수 없는 우리 모두의 공유적 기억이 되었다.

나는 누구인가? 나는 부당한 권력에 무력하게 굴복하지 않고 자주와 자존을 위해 목숨 걸고 싸워온 자랑스러운 어제의 오늘이다. 오늘의 나를 있게 한 떳떳했던 어제를 생각하며 그 숭고한 정신이 계승된 또 다른 오늘을 살아야 할 책임이 나에게 있다. 그리고 내게는 나의 오늘이 미래에 또 다른 자부심으로 기억되는 어제가 되도록 해야 할 빛나는 유업이 있다.

10. 돌보는 마음 기르기

　학술 발표를 위해 미국과 캐나다로 출장을 다녀왔다. 미네소타는 과거 연구년을 보낸 곳이기도 하고 가깝게 지내는 친구도 많아 캐나다로 이동하는 날까지 여러 날 동안 편안히 머물 수 있을 것으로 생각했다. 그런데 어쩌다 보니 한국에서의 평상시보다 훨씬 더 바쁜 나날을 보내게 되었다. 이 기간에 겪은 일 가운데 지금껏 가장 큰 울림으로 나를 채우고 있는 것이 있다. 얼핏 보면 서로 다른 경험이었지만 다른 모양새 속에서도 공통의 주제로 떠오르는 분모가 있었는데, 그것은 바로 '돌보는 마음 기르기'였다.
　미네소타 체류 후반기에 가깝게 지내는 한국 입양아 가정과 만났다. 열세 살 난 친딸과 아홉 살 난 한국 입양아 딸을 둔 미국인 부부와 이들이 다니는 교회의 주일예배에 참석했다. 예배 후 둘째 딸이 있는 주일학교 반으로 갔다. 유치원 아이들과 초등학교 저학년 아이들이 가득한 교실에서 한 여성이 단상에 올라 아이들로부터 꽃다발을 선사받고 있었다. 자세한 영문도 모른 채 현장에 있었던 나는 뭔가 축하할 만한 일이 있거나 보상할 만한 일이 있는 선생님에게 아이들이 꽃다발을 드리는 상황으로 짐작했다.

한데 꽃다발을 받은 여성이 단 아래로 내려오자, 그 주위를 모든 아이들이 둥글게 겹겹이 에워싸기 시작했다. 멀리서 이 장면을 목격한 나는 대체 무슨 일인지 점점 더 궁금하게 되었다. 자초지종을 들어보니 이 교회 목사의 부인이 지난주에 모친상을 당했는데 아이들이 주일학교 시간에 초청하여 직접 위로하는 시간을 가진 것이었다. 자신을 둘러싼 꼬마 후원진의 기도를 들은 후 자리에서 일어난 사모님은 물론, 이 모습을 멀찌감치 교실 한편에서 지켜보고 있던 나도 눈물로 이 시간을 공유하고 있었다.

그리고 사모님이 들어오기 전에 아이들이 직접 쓰고 그린 것을 사모님이 지켜보고 있는 가운데 벽에 거는 시간도 있었다. 커다란 흰 도화지 위에 아이들이 적은 내용을 보니 "사모님, 사랑해요. 힘내세요!"라는 따뜻한 응원의 메시지였다. 치유와 회복의 메시지가 교실 벽뿐만 아니라 내 마음에도 걸리는 순간이었다. 철없는 아이들에게서 받는 위로의 메시지가 철든 어른들에게 이리 강력한 격려가 될지 몰랐다. 주변의 힘들어하는 이들을 돌아보는 마음을 일찍이 기르는 사회문화적 환경의 힘을 보았다.

그동안 대학에서 학생들을 가르치면서, 특별히 사람을 섬기는 일에 종사하게 될 인력을 양성하는 일에 종사하면서, 학생들로 하여금 마음에서 우러나는 서비스를 제공하는 정신을 기르게 하는 일이 결코 쉽지 않은 일이라는 것을 절감해 왔다. 덕(德)이 빠진 지(知)는 한계가 있고, 개인과 사회에 심각한 위기와 위험을 초래할 수 있으며, 지식과 기술의 진보만을 우선시했다가는 자타 모두 불행한 사태를 모면하기 어렵게 될 것이다. 사람을 귀하게 여기고 서로 존중하고 배려하는 관계의 심성 교육에 충실해야 할 필요를 거듭 깨닫는다.

어떤 사회가 진정한 선진 사회인가 생각해 본다. 공동체와 구성원을 소중히 여기고 서로를 돌보고 보살피는 사회가 참다운 선진 사회라 할 수 있을 것이다. 나와 내 가족의 안위만을 위해 치열하게 경쟁하고 성공하는 일에만 집착한다면 정신적 공황 상태의 개인과 집단을 양산하는 끔찍한 결과를 낳을 것이다. 이제는 정신적으로 건강하고 성숙한 개인과 사회를 위해 필요한 덕목을 배양하는 일에 공동체적 관심과 노력을 기울여야 한다. 이때 빼놓아서는 안 될 핵심 가치는 바로 생명을 소중히 여기고 보살피는 '돌보는 마음'이다.

마음이 묻고 글이 답하다
- 글쓰기를 통한 심리적 성찰

초판 1쇄 발행 2025년 8월 25일

지은이 김향은
펴낸이 김영미
디자인 젤뚜르다
교정·교열 김혜원
펴낸곳 21세기 여성
출판등록 제2019-000011호
이메일 femme21c@naver.com
홈페이지 21cwoman.kr
인스타그램 @21c_woman
ISBN 979-11-992674-2-8

* 이 책의 저작권은 저자와 21세기 여성에게 있습니다.
* 무단 복제 및 도용을 금지합니다. 책 내용의 전부 또는 일부를 재사용하려면 양측의 동의를 받아야 합니다.
* 책값은 뒤표지에 있습니다.

* 본 출판물은 〈2025 우수 출판콘텐츠 제작지원〉의 일환으로
부산광역시와 부산정보산업진흥원의 지원을 통해 제작되었습니다.